AF533905

SV

Band 1515 der Bibliothek Suhrkamp

Friederike Mayröcker

da ich morgens und moosgrün. Ans Fenster trete

Suhrkamp Verlag

4. Auflage 2021

Erste Auflage 2020

Satz: Satz-Offizin Hümmer GmbH, Waldbüttelbrunn
Druck: Pustet, Regensburg
Printed in Germany
ISBN 978-3-518-22515-8

da ich morgens und moosgrün.
Ans Fenster trete

für Edith S.

über die Schwalbenschaft für Alfred K., das Lämmchen ich meine das weisze Lämmchen im blauen (Himmel) Exekution meines Gewissens deine Stimme ein weiszes Lämmchen im blauen (Himmel) weiszt du, unter dem Laubdach zu sitzen = schon kalt. Der Sommer fortgeflogen die Schwalben fortgezogen sie hatten nämlich den Himmel über dem Krankenhausgarten besungen sie waren Geschwister meine Geschwister, um ihre Brust gegürtet eine zärtliche Leine,

> in den »Traumprotokollen« des Alexander Wied stosze ich auf ein Bild v. J. J. Grandville »Das Tier im Mond« welches mich erzittern läszt : ich befinde mich im Angesicht eines MONDGESICHTES : eine Krankheit unter der auch die Dichterin Christine Busta litt = ein Blätterwald am Rande des Bildes taucht in ein Wolkenmeer (über die Schwalbenschaft, Mond deines Daumennagels scheint zu versinken ......)

immer öfter ca. 3 oder 4 Uhr früh hörte ich jemanden EINBRECHEN. Der Vogel ist nicht frei : frei ist die Blume aufgeblasene Sonne : lila Hortensie : hört sie etwa was ich spreche was du sprichst, reicht sie Händchen? in der Ecke das Palmenhaupt, zwischen den Seiten des Briefs deines Briefes die rasende Strophe. Das Plätschern der Quelle dort damals Bad Ischl an dem Strome wo wir von Tränen überströmt, damals, der

Pianist im Gastgarten mit dem Hündchen auf seinem Schosz
ich meine hatte ich dies zarte Bellen.

22.9.17

ach diese Zwischentöne dieses veilchenblaue Himmelchen, nach dem Augen-Aufschlagen habe er heute morgen so einen Stab = so eine Antenne = so ein Fensterglühen gesichtet = so ein mittelmeerisches Denken ...... einen Stosz Teller gesichtet auf Küchenhocker, so transzendent, dasz du aus der Ferne. Dasz es ein Trost sei dasz es mein ganzes Glück am Morgen, dasz eine weisze Plastiktasse *mit Henkel* mein ganzes Glück da die Welt in Trümmern ich meine zerschellt, usw., ich meine in der Kehle *Kirsche* kirschrote Liebe. Kaufe 2 Dutzend davon im Ramschladen presse sie an mein Herz, Chairos, die Würmer und ich! Tuberrose Teerose (gelb), er führt mir vor diese ihre Kopfdrehung nach rechts, also mein ganzes Glück : weisze Plastiktasse *mit Henkel*, flüsternder Palmwedel an der Wohnungstür : plissiertes Damenkleid in grün, Mama's Ärmelchen, Blutkruste an ihrem Mäulchen, war Ästhetin, hatte an einem Kelim geknüpft, mein Gehör drohte zusammenzubrechen : um 3 Uhr früh hörte ich jemanden *einbrechen*, mein zinnoberrotes zerzaustes, Ohr, nein nicht vertaubtes, sondern *verstaubtes Ohr*, habe Edmond Jabès' Buch der Fragen gekauft, im Stiegenhaus Gottfried Haider getroffen trägt HALO, lieblicher Engel. Geblendet von seinem Azur, nämlich,

dieser Tage eher kümmerlich, die Erinnerung dasz ich parlierte mit Freund Alexander W. am Ufer der Traun und spazierte,

die Rolling Stones zu hören waren,

machte ihm ein Zeichen : Lockzeichen im Supermarkt er
möge kommen und schauen (»komm und sieh!«) ich hatte eine jg. Topfpalme entdeckt und lockte ihn mit meinem Finger und er eilte heran und wir wählten sie und sie wurde unser Paletot auch Geheimnis,
wie brauste das Lüftchen, zu Ende gegangen, wölfischer Sommer (barfusz über den Pfad des Nadelwalds),

Hurrican (Lilian) Harvey : 9.9.17, und sage zu dir, dasz in 4 Monat' 's Bäumchen wieder dasteht und *nadelt*,
Ring im Ohr oder Feldblume (flennend),

23.9.17

Bertolt Brecht schrieb ein schönstes deutsches Gedicht über eine weisze Wolke und ein siebtes Kind welches ich oft beweint. Es war eine weisze Wolke welche sich auflöste während er eine Frau beschlief in einer Wiese, an jenem Tage als ein Mann den Mond betrat schlief ich in einer Wiese mit einem Mann dessen Brust, eine zarte Leine umspannte, aus dessen Munde ein feines Gras,

in einem Fiebermonat, 28.9.17

am Morgen KATZENGOLD in den Fäusten. Lieber Bastian meine Gesundheit labil ach!, vom Alphabetismus zur Malerei du muszt wissen dasz ich seit langem bestrebt bin »Avantgardismus« mit »Klassizismus« zu verbinden ...... ich habe dir viel zu verdanken : umbuscht v. Wiszbegierde und Intuition kann ich nicht aufhören die Welt der Liebe abzubilden,

die Nüszlein im Schillerpark weiszt du wie lang schon verblüht und duftende. Flieder Jasmin ach deren kurze Blütezeit = Jugendzeit, die tollenden Farben v. Entengefieder damals, schreie ich, du sagtest »damals da ich ein Knabe war« ...... kontemplativ dieser Kelim = Mutters Handarbeit, an der Wand in der Schlafstube wo ich träume etc. Gerhard Rühm's »teleklavier«

diese 2 Wochen waren verheerend, ich meine, bin fassungslos. Beobachte jg. Nonne die ausgetrockneten Blumenbeete gieszend, am Abend,

liebe Isel, male mir eine FANTASIA v. Madrid dasz das Herz in seiner Kammer, viele Fenster mit Ausblick auf einige Alpen, ein moribunder Sommer nämlich, bin heute 3 × kolabiert, wie übermalte rote Päonie weiszt du,

zerrisz die Seide eines letzten Morgens.

1.10.17

ach dasz man, die Liebe sich gefallen liesz da man sich losgelöst von dieser Menschen Rede. Wirklich, durch deinen Leib hindurch erscheint mir deine schöne Seele, kann ich sie denn erhaschen? sie die geheimnisvolle kluge, dasz lieb der Regen fällt »wenn sich die Augen üben«, zerrisz die Seide eines letzten Morgens,

für einen Doktor namens B.

1.10.17

dann fielen wir uns um den Hals, nämlich. Kleines Pastell eines Matisse damals, Formation v.Wintervögeln, da wir nebeneinander beugten uns aus dem Fenster, ein Medium! was! lichtblaues Wolkenauge weiszt du, halbierte : in Böen gepflückte Blumen vom Fenster aus, meine Schneeschuhe : radebrechenden Schuhe, ach Knospenkunst Giottobäume eine drainage v. Blüten, neues Modewort »spannend«, drehst den Kopf wie ein Vogel nämlich drehte den Kopf wie ein Vogel *nämlich nach rechts* so dasz ich ihn fragte »wie ein Vogel?« er war nämlich ein Vogel, es war 11 Uhr und der Nachthimmel, da wir nebeneinander am Fenster, einander berührten, und der Nachthimmel nämlich versank, Fauré's »Requiem« auf die Liebe, als wolle EIN KARFIOL BÄUMCHEN, in der Vase mit glutvollem Blick usw., auf einer Treppe ich glaube, ein Salamander und da er funkelte,

dies lichtblaue Himmelsauge, von Winden, zerzaust, etwa, hänge an diesem *Conceptualismus* des Kurt Ryslavy = 2 umgestülpte Stühle in einer Kammer,

hatte Epi-Attacke hatte begeben mich aus mir heraus, ach prähistorische animals (im Museum v. Cadiz) : ein roter Hahn mit ockerfarbenen Schwanzfedern, ein Schneckenhaus, ein vierfüsziges,

GEISTLEIN, dasz da ewiglich, eine Locke, eine Locke v. dir,

5.10.17

Canzone v. Liebe nach einer Fotografie des Ateliers v. Arnulf Rainer,

auf einer Fotografie; ein auf einer Fotografie des Ateliers des Arnulf Rainer abgeschnittener Schaukelstuhl oder weisze Tüte auf einer schwarzen Leinwand oder weisze Taube auf einer schwarzen Leinwand hochsteigende weisze Taube oder mit dem Gesicht zur Wand des Ateliers des Arnulf Rainer lehnender Entwurf zu einem Gemälde des Arnulf Rainer nämlich mit dem Gesicht zur Wand : pastellfarbenes Gemälde, wäre am liebsten; ein Maler gewesen, *maison nämlich*. Nämlich wie der Mond sank in den Flusz in einem Winkel der Phantasie des Ateliers des Arnulf Rainer also Abbildung seiner Gestalt, indes flüsterte Zierde eines Gedichts »es regnete in mein Herz«, usw.,

ach legte den Kopf in die zerrissenen Bücher auf dem Fuszboden,
die Vögel greifen nach den Holunderbeeren und ich habe eine halbierte Nusz gefunden in welcher keimte ein Ast, Canzone v. Liebe nach einer Fotografie des Ateliers v. Arnulf Rainer,

(*sausen wir*),

11.10.17

tsau! sage ich, tsau! mein schnaubender, Garten deine weisze Haut auf meinem Mangoldherzen, weiland wirbelnd. Wohne in Krankensaal 401 schillerndes Taubengefieder im Krankenhausgarten siehe Öl und Essig und Blut, einer angebissenen Pflaume ...... 37° Kittel (Temperatur), blindlings ein Sommergewitter. Mein Torso (ach) einer Fliege, einsam bin ich mein Kamerad eine alte Hündin, ich Debütantin des Todes, steinig mein letzter Weg wohin sind Mutter und Vater und Freund usw., auf diesen Rechnitzbergen, immer noch sündig die Welt und eitel, seien wir unerschrocken, sagst du, Haare und Zähne ausgefallen *früher waren wir Blumen*, Ovid vielleicht, Naso. Nun ja ein Hasenfell um den Hals, Bächlein in meiner Kammer (etwa) Wiesengrund (!), Vater ein wenig schwebte, ins Freie, die losen, Halme. Arnulf Rainer's »*Rükkenkratzen*« : Öl auf Karton 73 × 102 cm = Flammengärtchen in rot usw.,

damals Vater, parlierte auf Kärntnerstrasze, als jemand fingerte auf sein Schulterblatt, als Vater sich umwandte, 3 Wochen vor seinem *Hingang*, war niemand da ...... pelzige Blätter ich meine *Deckweisz* v. blindem Edelweisz,

Quellfüszig die Sonne : huschte die Sonne, vorüber : hinter Gardinen vorüber, ebenfalls Mondfisch,

12.10.17

Rudel v. Texten oder Tableaux, an G. R., etwa, konstruktivistischer Dichter in Köln am Rhein, usw.,

auf jenem Foto sasz er KLAVIERSPIELEND so weit vom Instrument entfernt dasz man auf der Zunge das Wort *Sehnsucht.*

Sehnsucht nach Flügel Rausch eines groszen Vogels, weiszt du was eine Löschwiege (ist), Ovid oder Naso Gebüsch einer Wimper,

ich meine, sich die Brust aufreiszen wie ein Falke der seine Jungen. Füttert. Hing kl. Matisse im Salon wo auch der Konzertflügel stand, haben wir das Figurative verraten?,

»ich weisz nicht was soll es bedeuten« habe innig den Rhein gesehen, Mantille nämlich, Rüsche v. Wien.

17.10.17

ich hatte sie in der Wohnung verloren sie waren verlorengegangen ich konnte sie nicht wiederfinden sie waren ein Teil v. mir aber die Sätze waren verlorengegangen, lasse ich mein Auge auf den Konturen meines Zimmers ruhen finde ich die entlegensten Gegenstände wieder, auch solche die ich gesucht hatte, der Enzian ach wie fiebert er meinen Worten entgegen, man sagt Abendrot aber Morgenröte etc. als wünschte ich an jeder 3. Zeile um die Straszenecke zu schwenken, es löffelte so silberblau in der Früh, also im Fenster. Ein biszchen dieses aufgeblähte aufgebüschelte sitzt man mit Freunden zusammen so aufgebürstet wie Frisur ...... diese Härchen auf dem Fliesenboden (WC) schon sind die collagierten Bildnisse zu riechen, zum Osterfest ich ihm ein Stehpult schenkte!, an dem er schreiben sollte wie ein Goethe, *ach schnäbelte Schnee usw.*,

schon kühlt die Erde ab, weisze Wolkenperükke oh Wolkenliebling wie mich dauert dein Verschwinden, der Wald dieser
Liebling tief verschleiert verschlossen entschlafen, meine Hand mein Mund, suchen nach dir ...... die Erinnerung liebliche, das Moos mit bloszen Füszen, das Moos, ich habe dieses Buch *verzückterweise*.

Wo find ich Reh bist du Reh? irgend ein Gedicht ist auf dem Boden gelegen : immer diese Worte die mir entschwinden, so, Zünglein es bangt mir um dich, als wäre das entschwundene Wort : die entschwundenen Worte wieder aufgetaucht : es war aber nur *ein Hauch oder Wunde*, einmal war der Freund = Leo Navratil, unter den Trauergästen ein anderesmal wurde er selbst begraben. Man muszte eine steile Treppe, empor. klettern,

> sie brachte einen winzigen roten Polster aus Japan mit, der an einer mit Blüten bemalten Kluppe klebte, auch »die verregneten Kirschen« (Helmut Federle 2009)

diese Infantin v. Landschaft. Wie wir füszelten, damals!,

4.11.17

étude einer Nische, ach gesichtet 2 jg. Bäume, einer geknickt mit Lippenpaar oder *Soffa* inmitten (Eibe ins Fenster!), zur Augenweide = im Krankenhaus die Augenärztin hiesz Dr. Freude – ich verliesz sie mit den Worten Freude schöner Götterfunken was sie mir ETWA übelnahm usw., auf die Frage des Fürsten wie sie ein so schweres HERZ tragen könne,

> sinke ein Ginkgoblatt auf die Erde und Goethe ich meine Goethe daneben, eine der Krankenschwestern hatte meterlangen, Zopf. Ach blieb sie overhead?

dieses KÜFFERLE, mit düsterem Auge, etc.,

5.11.17

diese Reiskörner auf dem Parkett, Chanel oder chapeau oder cheval ich meine sie stand unter dem blauen gezurrten. An der Tür ihres Ladens, und schaute in den blauen gezurrten. Vielleicht ein Schaufeln v. Luft usw., sie hatte sich lauter himmlische, ich meine Idyllen erträumt sie war meine Groszmutter ich gerate ihr nach,

da war doch etwas, eine Träne = in einem Brief ein kl. Pferd in einem Brief ein Pferdchen in einem Brief usw., aber das Pferdchen risz dir die Wange auf dasz dein Fleisch (Liebster!), ich sah wie

dein Fleisch : Fetzchen v. Fleisch ...... ich zeichne dir eine Träne unter dein Auge meine Zunge ist eine Herbstzeitlose auf deinem Lid ja ich bin vielleicht ein muffin und lasse mich verzehren (v. deinem Aug),

dein Auge ein graues Gewölk graue Perle grauer Diamant : kann sprechen in zärtlichen Sprachen nämlich, eine Träne sinkt *in einen Buschen v. Gras* usw.,

hast einen Kelim geknüpft hast einen Tiger geknüpft der hatte, ein Menschengesicht,

da hat es gefeuert : Arnulf Rainer's »Rückenkratzen« rote Krallen.

CROISETTE,

sagte einmal, Durs Grünbein, er wolle mit mir eine Lesung auf dem Mond usw., *indes ich*, ein wenig derangiert,

in jeder Zeile indes, eine Blume, die Nächte unbequem.

7.11.17

das Klimmen, damals weiszt du, den Hang aufwärts, das verkrüppelte Bäumchen das keine Früchte mehr. Lieber Siegfried habe grosze Freude an dem Gruppenfoto mit Gabriele Rothemann, ihr »Wasserfall« reiszt Erinnerung an Kindheitsferien auf! du siehst sehr elegant aus mit Wellen im Haar! (so viel los in Meran), wann Fabi in Wien? hatte ich als kl. Mädchen grosze schwarze Masche im Haar? dasz ich (etwa) aussah wie Nachtschmetterling …… meine sneakers wie ich euch liebe, meine Erfahrungen zu erfühlen oder (zu) *hexen*, der ganz und gar gelöschte Zitronenfalter, die Lotterie meines Überlebens, schon nähert sich WICHT VON WINTER, »Abend am Flusz« dasz wir auf einem Bänkchen während der Vollmond, hinter den Bergen ich meine herniedersank ich schreibe im Mondlicht *verzückterweise* (im Mondlicht) = Noblesse v. Papier usw., kann die Jalousien in meiner Schlafkammer nicht herunterziehen so dasz die Morgensonne, mein Gesicht, zerkratzt,

bist du Dirigent eines Winds heute morgen?

11.11.17

Ingrid Wald : Paravent Pastellhimmel ehe ich nachts Wasser lasse träumt mir von Wasser und Gischt und Regenraketen, von Verwischung eines Gedichts usw., ach, sage ich, paar Grashüpfer zwischen den Seiten deines Briefes. Sie sei, wenn sie malte in einer SEPARATION = in einem Himmel, gewesen, ich sitze am Abend in schwarzgelber Tapete (wallpaper), das Wegradieren : ich bin eingenickt *da du in der Tür* und du mich sahest da ich eingenickt, ich hatte von ferne auf deinem Bild einen Kaktus gesehen, hatte von ferne das Stechen eines Kaktus auf deinem Bild gespürt, Roter Berg : 1962-78 Öl auf Leinwand 100×75 cm, Komposition mit weiszem Fleck ich *meine die Schneeluft*, der blaue der vorübergehuschte Sommer, Beete in rosa (verblüfftes Futurum),

diese Taube trippelnd (nämlich) : Akt eine Treppe hinabsteigend ich meine Duchamp, damals. Haben wir in den verflogenen Jahren Herbstzeitlosen gepflückt auf dem Cobenzl als der Sommer : als der Sommer sich neigte, schemenhaft, Flanke des Herbst usw.,

Büschel Blumen lila Blumen, Büschel Tränen, zartes Büschel von Rehen, *Ikone*,

22.11.17

Poussin's »empire of flora«, ich meine smarthistory,

fällt der Ortsname PURKERSDORF denke ich an Hirschkäfer abgewehtes Ginkgoblatt *Eisenbahn* überhaupt Eisenbahn ich meine über die Hügel hingestreute kl. Häuser und Lieblingsgärten, Mädchenname GABY wie kl. Gabel ψ zeichne Gaby = kl. Gabel wie kl. Gabel = ψ silberne kl. Gabel. In den Lokalen steckte er immer die kl. silbernen Gabeln ein : ψ ψ ψ ψ wir lachten dann biszchen, es war vielleicht Klöppelei, weiszt du, ich meine *unterirdisch beten* weiszt du, unterirdisch beten, ach Zaunkönig Plissee v. Natur, im Halbschlaf Andreas O. warf mir Kuszhändchen zu, und beim Frühstückessen kollerten mir die Tränen ich meine kollerten die Tränen ...... in eine weisze Plastiktasse mit Henkel, wie ich sie liebe!, ans Herz presse, meine plissierte, Kindheit etc.,

wir sprachen über das Weinen, nein sagt Erika T., sie könne nicht mehr weinen, in ihrer Jugend habe sie viel geweint, *sie sei aber jetzt v. Stein*, habe sie früher geweint habe sie früher weinen können sei sie jetzt erstarrt : keine Träne, so Erika T., ich sehe aber eine Träne vor mir : weinenden Fisch oder Fuji. Nun ja, vielleicht sei das Tränenvergieszen ein Blutvergieszen, eine weinende Nelke oder Plissee einer Palme, schön wie ein Palmwedel sei eine vergossene Träne, schön wie Zypresse,

Objektrepresentanz wir jagen gegen die häszliche Wintersonne. Damals, beim Kardiologen, STOPFTE ich seine durchschwitzte Unterwäsche in meine

Handtasche, in einer Ecke des Wartezimmers stand
künstliche, Topfpalme,

dann, lange gewandert und *transparent*,

23.11.17

»aus meinem Mundloch, entliesz ich die schattigen Alpentäler«,

ach Briefchen an * = geneigten Leser geneigten Kindskopf, zum 2.mal, nämlich am 2. Morgen erwache ich, mit dem Wort

PENKALA

was mir ein Lächeln zaubert ich meine ich spüre ein Lächeln welches mir sagt »guten Morgen wer oder was ist Penkala?« aber auch ein paar Tränen es kommt mir vor dasz ich mich an die Stunde meiner Geburt erinnern kann den Anblick meiner schönen jg. Mutter sowie an die Ausrufe der Hebamme »Engelgotteskind« : es war ein Nachmittag im Winter '24 ...... wie kann es sein dasz ich mich erinnere dasz mein Vater sagte ich sei ein häszlicher Nachkomme weil ich von gelber Farbe. Vielleicht *spielte ich alle Farben* chinesische Farben habe nach Luft geschnappt, vielleicht Hausgeburt im weitläufigen, Faltenwurf usw.,

6 Jahre später Gerhard Rühm, geboren er sagte zu mir nein dieser Gedanke sei ihm nicht gekommen dasz mir das Wort »Sehnsucht« auf der Zunge zerflosz indes in seiner performance : er in seiner performance DARBOT dasz er, 1 ¼ m vor seinem steinway sitzend es ihm gelang sein Instrument zu bespielen, alles (überall) so feucht da sprosz das Gras durch die weisze Tischdecke hindurch, weiszt du, dasz ich versuche mehr als 2 Stunden, PROBIERE diesen Satz zu gestalten ich meine bis ich zu schreien (beginne),

»Tintenfasz« ich schreie Tintenfasz,
hinkende Nacht.

24.11.17

wenn ich BIEL lese, denke ich an die *Vision v. Hecke!*, in welcher Heinz Schafroth in seiner Studierstube = Heckenrosenstube : Heckenrosenstaude sasz, ich meine sich *versteckte*, wenn ich anrief meldete sich jedoch Ruth Schafroth in ihrer Küche …… Heckensiedlung in Nachblüte usw., solch blaue Lappen am Horizont, ach meine Verwahrlosung, schreibe von einst geschriebenen Büchern ab, heute früh beim Augenaufschlagen war es ein Erleuchten dasz ich wie vor Jahren wieder in Heinz Schafroth's Wohnzimmer sasz und auf den Bielersee blickte (nämlich so blank!), welcher in meinen Augen blinkte und blitzte und dasz ich schwieg,

seit Aberwochen in Tränen …… nun ja, ich hatte Gottfried H. im Stiegenhaus getroffen ich meine ich war mit ihm beinah zusammengestoszen, habe ihn kaum wiedererkannt, also trug schraffierte Wollhaube,

damals Winter '88, hievten sie ihn über die Schneewächten, vor den Sofiensälen, irgendwelche MEDUSEN, auf den Gehsteigen, Die Wasserfälle von Slunj, etc., einmal fragte er mich »weinst du immer noch?«,

29.11.17

(diese akkurate nein, abstrakte Poesie usw.), »die Küche flattert« sagte er / er sagte »es keuchte wie Pelargonien in einem Fenstergärtchen«, einmal sagte er »deine charmante Küche«, ich bin jetzt schon so weit in meiner Busze gelobt sei meine Busze die rosa Wölkchen meiner Busze usw., die satten Wölkchen meiner Busze.

ins vis-à-vis Fenster GELINST, sah Person Frauensperson mit wischender Industrie, Mob oder wischen mit nassem Besen (geklirrt), dieses Scharren am frühen Morgen wie Ingeborg überhaupt Ingeborg, am frühen Morgen winterlich schaufeln schneeschaufeln als sei ein Veilchenschnee = Strausz v.Veilchen im Winter funkelnd etwa, das Wort Veilchen, immer auf den Gehsteigen, nämlich die wilden Tränen, *irgendwelche Medusen*, und es schüttelte mich vor

einmal diskret dieser Paillettenwinter, gelbe Haarquelle, noch 12 Monate Lebenserwartung, solch Paillettenwinter : rieselnd das Fenster hinab,

in einem Einkaufsnetz. Rachel Salamander, in einem Einkaufsnetz lauter weisze Blumen (des Winter's Blumen, des Winter's Flocken, des Winter's Tränen), jetzt verfolgen mich schon länger = schon längst die Vogel Unglücklichkeiten die Vogel Erschütterungen ...... damals, die unbeirrten Bücherregale in seiner Behausung er blätterte! *ich lächelte ihn an*, schon blitzt, partout, die Erleuchtung ach lauter Plastikkörbe mit Jacques Derrida z.B.,

lesen = der weisze Flieder = Ezra Pound, abermals, ich liebe das Wort abermals ach wie ich dieses Wort liebe oder das Wort anderswo wie ich das Wort anderswo liebe welches immer ein biszchen *verschwitzt*, also SCHWITTERS, ich meine aus seinem mächtigen Schädel ragten die Buchrücken »Schwitters« und »Finnegans Wake«, wie die Mücken weiszt du wie Ästchen v. Narration,

taub und steif und linkes Knie und gehen in der Wäsche.

1.12.17

»OP-Sucht, es flockt es flockt, der Teufel, soll den Winter holen, die Zeilenzähnchen dieses Dichters : Francis Ponge, ich weisz oft nicht welches Wort es sei und welche Worte, woher das Wort woher das Wort woher die Worte *ach, ob aus der Luft gegriffen*, etwa, und sagtest »solch Paillettenwinter!«, es sei als sei, ein Karfiolbäumchen in einer Vase, flüsternd, glutvolle Büste BUSTA v. Bouquet, plissiertes Damenkleid in grün : geliebtes Palmenhaupt, ich habe diese Zeilen um 4 Uhr früh *erfunden*, eines milden Winter's Ziergesang, weiszt du, ich meine »nuages gris« Klaviersolo v. Franz Liszt, zerbrochenes, Schneeglöckchen, vielleicht, ach Brise *von*. Ich schreibe lange Listen *von*, jenen Wörtern die mir ABHANDEN! kommen und gekommen ......

ach du mir Zirbe schenkst du, schenkst mir Zirbenherz du schenkst mir Zirbengeist, *Ponge, über ein Glas Wasser schreibend*, den weiszen Scherben Schneeglöckchen im welken Gras,

tatsächlich ein verwischter roter Mund an eine Wand im Stiegenhaus gemalt wer hat dich *abgeküszt* wer hatte deinen verwischten roten Mund geküszt, du Geistlein! durch die Wälder rasend in Raserei

(er komme aus Korneuburg, weiszt du, wo die Kornblumen,
sommers)
an einem Gewässer,

5.12.17

dies Quell'chen, bei der Stehweinbude, damals, in Bad Ischl, ... *wenn ich jemals etwas grünes*, damals in dem eingezäunten dünnen Unkrautgarten wo die Quelle ach das Quell'chen, wie zerdrückt der Rasen ein zerbrochenes, Glöckchen, Schnee- oder Mai-, wie ich es UMGARNTE mit Fäden einer Liebe ach dies Quell'chen wie es taumelte und sprühte, an diesem Eckchen wo ein Salamander, vielleicht, es war vielleicht eine differente Jahreszeit, es war vielleicht eine azurne Winterszeit, er war schon krank die Stufen kaum mehr abwärts tappen konnte, kaum mehr vermochte abwärts zu tappen,

gepinselt! auf Querformat, dies Winterblühen wie ich erschauerte, wie ich verfluchte, die Erinnerung zu schreiben über einen Mükkenschwarm da stand ich still die unbelaubten Flure da stand ich still ein Distelhain, er schimmerte er schlummerte : ein Salamander auf dem Wiesenwege,

ein bitteres Gefilde, weiszt du,

eine Miserere-Mami in den Wäldern!

lesen = der weisze Flieder, so Ezra Pound, damals im Winter '98, hievten sie ihn über die Wächten : brüllenden Schneewächten vor den Sofiensälen, vergossen wir die blanken, Tränen : die blassen Heidenröslein rosigen Medusen, ach wie der längst verflossene : verflogene Schnee, um 8 Uhr früh der Tiger Norwegen sprungbereit, mein Medikamenten-Abusus, der Federbusch des Herzens (fiedernd), sie wolle rahmen lassen mein Gedicht als sei es Veilchen (Strausz) nämlich verliebt. Ich meine wie die Strophen meines Gedichts sich lösen von den Ästen eines Baumes, oder Gebüsch ......

da sie, die Freunde,

6.12.17, die nassen Zitzen
zugesperrter
Eisgeschäfte,

und dachte GELEE : *Gelee eines Monds*, damals, bei jenem Knospenspaziergang Knospenkreuzigung (= Nizza), berührte mich ein Zweig an der Schulter,

mir träumte ich würde mit bloszen, Füszen auf Steinen gehen aber es waren *etwa* die Zöpfchen : Schotter, des Fersensporns,

es passierte (was für ein Wort!) an jenem Frühabend da sich erhob der gelbe Mond, dasz ich dachte an gelben Bananenmund oder Mond nämlich entzückten MONDSCHEIN der mich berührt hatte, ahnte, ich, dasz es der Liebste sei welcher (»gestickte Liebhaberei!«) küszte die linke Schulter, da ich umwandte mich um zu erkennen : welches Lippenpaar, mich geküszt hatte, berührt hatte : meine Eucharistie usw.,

mir träumte der Maler Andreas Grunert dasz er gemalt hatte »halber Hund«, »verschwommene Jahreszeit«,

damals in Rom wie strandete die Zeit in den Büschen in welchen die Tränen = Zitronen. Bin unvermählt ach die Muscheln ach Küsse am Meer, da ein Ästchen berührt hatte meine Schulter, als mich berührt hatte (an Hals oder Hades),

mir träumte die Engelsstimmen in Eichen so Adolf Wölfli in seiner Alpenwelt. *Träumte ich sei verreckt*, und hätte den Kakadu sich runterschwingen gesehn,

nachts lange wachgelegen ehemals Zungenstrausz,

7.12.17

dasz ich die kl. Plastiklöffel herunterschlucken möchte, ebenfalls Messerchen mit abgebissener Spitze, *ich meine reverie*, sehe mich durch schneeverwehte Parkwege wanken (längst vergangener Tage), ach Herolde der Tränen wie wir sie anhimmeln, möchte Ornithologe werden, habe polare *Vogelnatur*, weiszt du, weil mir das Gottfried-Gehen = nämlich mit Krankenstock = Wanderstab schwerfällt, möchte ich lieber fliegen, ach gemolkenes Xmas, wünsche Adlerauge um verborgene Schätze : *Strophen und Rehe* zu FIEDERN : ERHASCHEN,

dort wo die *branches* sich gabelten, die Rotkehlchen ich meine die Rotkehlchen schnäbelten ...... er, der amerikanische Germanist sagte nicht »standing ovations« sondern »stehende Ovationen«, immer gefiel mir Friedrich Schiller's Umgang mit dem Wort Mode, möchte mich ausweinen einmal ausweinen, polares Trippeln, ich schreibe Prosa mit einem lyrischen *touch*, usw.

auf dem Plafond die Taube aus Holz : kreisend nämlich, vom Oberstock der Behausung hernieder schwebend, ich meine dieses gewisse weisz v. weiszen Lilien mit *einem* Picasso v. zartestem grün! zartestem Leporello! die blinde Patientin *erkannte mich am Schritt.*

Allseits Fäden, v. Malerei, meine Erfahrungen zu erfühlen oder *zu hexen* ich meine *zu hexen* : ich schmecke diese Erfüllung v. Sprache,

wie seltsam dasz ich vor Jahren eine Vision. Ich würde, vor Jahren von einer Hecke an der Schulter berührt es geschah mir am Ende eines Sommers, es geschah jedoch Jahre später dasz eine andere Hecke hinter einem anderen Zaun meine andere Schulter berührte, in einem Garten v. weiszen Blumen, indes ich mich fragte ob es ein Spaziergänger war der mich berührt hatte also,

9.12.17, beseelt :
fliegender Hase mit
Kropf,
etc.,

»in der Hölle werden wir braten, so Siegfried Höllrigl, abgeküszt diese weisze Jahreszeit, mit deinem gewellten Haar usw., ich meine abgeküszt, es ist ein Wahnsinn 3 blinde Edelweisz im kl. Henkelglas, dieses Küken ums rechte Auge (Zichorie, etwa), es war ein unwillkürliches *Boxen* gegen das rechte Auge, damals, ZERBROCHENES Schneeglöckchen in diesem uferlosen Garten in Ischl, und da war diese Tüte mit den Schwänen, ach dieser winzige Traum, deine Arme voll Blumen, etc.

und als drauszen die Alarmautos rasten ich immer denken muszte ob du in Sicherheit seiest, indes von den Bäumen stürzend die Strophen, von den Bäumen oder Gebüschen die herrlichen Strophen tropfend, wie verblüfft ich war wie ich verblüfft war, im Quartett : die Amseln nämlich im Quartett,

jetzt ist mein häufigstes Wort »nein« ich schreie nein! bös nein. Bis nein sagen, v. Beckett, diese Rangen!, diese Quellchen! erste Sahne! erster Schnee!, ein Buch zieht das nächste nach, dann war ich wie ein Rebhuhn, *und muszte Ecke stehen!* ich wiederhole mich, Frühmesse v. Arnulf Rainer

bin des Teufels es schneit oder regnet, die serbische Krankenschwester mit meterlangem Zopf eines Morgens, begegneten wir einander mit je, einem Lächeln, nämlich das Foto einer Hängebrücke an der Wand der Wandelhalle des Krankenhauses, nach einem Roman v. Thornton Wilder (»Die Brücke v. San Luis Rey«), darling-Pelz räudiger Pelz alter Pelz, zappelte im Garten oder zappelte im Malvengarten; Erwin Bohatsch o. T., 2000, Tempera auf Papier 40 × 35 cm : Würfeluhr mit Locke, linkes Beinchen eingezogen, Zifferblatt halb elf,

Unwort des Jahres : Vollholler!

bin androgyn wie es in meinem Kopfe wütet! oder wüstet! bin verwüstet in meinem Kopfe, in jeglicher Ecke meines Kopfes wütet : wüstet es, ach Wildnis v.LAMPIONS, seh es vor mir in den 50er-Jahren bei Gerhard Rühm : Motto Motiv oder Monet. Schimpansenjunges in Käfig ...... dieses abstrakte Standbein eines Schimpansenjungen im Käfig, *bist heute so scharf* (geiszelst belly und Bauch usw.).

16.12.17, der Orkan so
brausend dasz er mich
niederschlug, um
Mitternacht bei
zugeschnürtem Himmel,

»schreiben bedeutet indes nur da-sitzen und vollziehen : Flug eines Wintervogels (im Fenster), rutschen mir die Notizen vom Hocker, macht flüssiges Geräusch, das Wort »Syringen« wie schön es ist wie lieb ich es (v. alters her!), zapfen die Gesellschaften, tue ein gutes Werk : lade die Freunde ein (?), zartes Leporello, wie = wir nestelten die lila Malven, im Spinat vielleicht, ein grüner Halbmond

mein verwischtes Gesicht, das grüne Pelzchen an den Hängen des Wienerwalds (Rubens' »das Pelzchen«) von Alleinsein TRUNKEN!, welch blutige Koloraturen mich überschütten! welch Unsäglichkeiten = Höllenschlünde ihr Haupt gegen mich wenden, sage ich, dieser Havelock des Durs Grünbein, »möchte dich sehen«, so Durs Grünbein, »bin unsichtbar«, sage ich, düsteres Gärtchen Gäszchen neben dem Flusz,

»liebe Sarah danke für *kl. Tischtuch* (Testament) mit Elise und Nadeln v. Eibe welche so duftend! ach Kritzelei weil während Briefschreibens *eingenickt*, so dasz eine Skizze entstand = »jg. Mann mit Helm und Vögelchen«, gestern auf Küchentisch : gestern auf Küchentisch, »pour Elise«, fast erstickte beim Kirschenessen, als Beifahrerin da der Himmel drohend herniedersank (oder sank). Von irgendwoher ein Echo : erhaschte ein Echo ...... als ich auf einem Foto sah wie Marcel Beyer mit der Krähe sprach ein Gespräch mit der Krähe ich meine Aug in Auge glaubte ich dieses Gespräch zu verstehen, wie der Schnabel des Vogels sich dem Auge des Dichters näherte, dasz ich in Empfindung ZURÜCKWICH, später erfuhr ich : lernte ich dasz die Krähe ausgestopft war usw. indes ihre natürlichen Brüder auf einem Autodach.

Es war Winter geworden, oder Elysium, auf meinen beiden Daumen : Schwärze des Farbbands, ich meine,

möchte krepieren. Tiefschwarz.

23.12.17

vollmondig mit diesem Frettchen, Erwin Bohatsch »o.T.« : Zifferblatt mit Fahne und hochgezogenem rechten Fusz, Füszchen (etwa) einer Kommode, *Wüstenei* : sie besasz den Kopf einer Gertrude Stein, Aloe nämlich Liguster (des nachts) legtest den Tannenzweig auf mein Bettlaken als wollte deine Hand berühren meinen Mund nämlich den weinenden, usw., ach Fanfaren des Februar, ich meine *vollrussisch*, mit diesem Fellchen v.Wolf = einsamer Wolf = Hans Hollein (†), ich sah ihn mit einer *Schar seiner Söhne* auf dem Stephansplatz, damals, den Stephansplatz kreuzte, gewaltig. Mich rufend mich mit meinem Taufnamen rufend, mit Wolfskragen, begegneten wir einander, indes wir auf den Stufen zum Kardiologen, nun ja, oder Mondsichel,

diese in Gummimänteln gekleideten Grosztanten, ein wenig KAUSAL, wo könnte ich mich einpflanzen, in meinem neuen Lebensjahr, Herzdienerschaft.

Schemenhaft, sagst du, schemenhaft Büschel Tränen, schemenhaft Büschel lila Blumen, Rehe sagst du, die Rehe, gingst die Treppe hinunter (Marcel Duchamp) ...... in der Farbe der Herbstzeitlosen

Unwort des Jahres : Vollholler,

24.12.17, auf jenem Foto.
sasz er (klavierspielend)
so weit vom Instrument
entfernt dasz man an
SEHNSUCHT.

schleierhaft(e) Begegnung, etc.

obwohl du unlängst ein wenig abgehoben (vielleicht Wüstenei) habe ich Gefallen gefunden an deinem Kopf einer Gertrude Stein, ich meine der Christbaumverkäufer hat 2 rote Lampions, angezündet zwischen den Kompositionen (der Häuser), in

einer famosen Luft, usw.

24.12.17

als wir zusammensaszen im Café sagtest du »ich meine nicht REGEN ich meine TAU, für *die horen*« sagst du, eine Strophe für *die horen*, bin androgyn, wie es in meinem Kopfe *wüstet* bin verwüstet in meinem Kopfe, wir sahen uns immer nur wenn du ein neues Farbband in die Maschine, etc., der Wuschelkopf v. Braque, ich meine wie die Strophen eines Gedichts sich von den Ästen eines Baumes lösten oder Gebüsch, hineilend (!) geschlängelter Garten (v. Schlange!), als ich dem Doktor sagte dasz ich weinen müsse beim Schreiben sagte er »nun ja die Tränen am Morgen : *Weltseele* am Morgen nun ja die kl. Nachtstiefel, dasz ich am Ende des August mit erhobenen Armen, hochgelobten Armen, wie grosze grüne Regentropfen in den Gebüschen ......« ach! Fresko in blau : deine schönen blauen Augen,

flüsterte ich zu dir am Telefon flüsterte das Wort »weisend« : wegweisend, du weisend wegweisend indes von den Bäumen die Strophen stürzen, von den Bäumen (etwa) die Regenpfeifer, stürzen, wie ich *verblüfft* war, oder Gebüsch, sehnsuchtsvoll sie widmeten mir einen Fliederbusch im Rasen,

Füszchen einer Kommode, nämlich. Habe in D. eine Lerche gesehen welche *stufenweise*, auf und nieder, *flatterte*, weiszt du.

(gehe in einen sweatshop = Schweiszgeschäft),

6.1.18

er habe vielleicht wie Goya mit einem Löffel gemalt Schnee und Schemen im Garten ich gehe jetzt die Raben füttern, ach wie schlau Ihr Atelier, Ihr Pferdchen mit lg. Haaren also mit Oblaten-, Oleander-Frisur ...... lieber Man Ray Sie sind mein Phantasiefreund mein alter ego, wie geistreich Ihr »blaues Baguette«!, Sie sind mein ready-made! Als ich das Therapiezimmer der Psychotherapeutin E. S. betrat strahlte mir das poster »noire et blanche« (1926) entgegen, ich hatte mich einige Tage mit Ihrer Biographie beschäftigt so dasz ich von Ihnen träumte, ich meine als ich das Therapiezimmer der Psychotherapeutin E. S. betrat streckten sich mir die Arme einer Zimmerpalme entgegen. Denken Sie lieber Man Ray ich habe heute am 25. Januar einen Brief wiedergefunden welchen Sie mir vor 18 Jahren geschrieben (ach Sie trugen offene Sprachmantille!) etc., Roger Shattuck schreibt über Sie : »der stille Künstler und Jongleur hatte sozusagen 3 austauschbare Gewänder in seinem Schrank : die Gewänder des Geheimnisses, des Humors und der Erotik, manchmal trug er alle 3 zugleich« ...... Sie fragen mich wie es mir gehe ich sage »mein Innerstes ist wie früher nur meine Leibhaftigkeit ist müh*selig* geworden« : *wieso selig* frage ich mich. Ach Sie sind tatsächlich ein Zeitgenosse ich fasse Sie an der Hand wir patrouillieren im Palmengarten v. Sils-Maria, solch Allegro v. Malerei und Photographie, »ganz easy« sagten Sie, »ach die grünen Wallungen der Natur«, Ihre sehnsuchtsvollen Worte am Telefon, da sie sagten Photographie sei nicht Kunst, tatsächlich erfanden Sie das poetische Kino, den Film des Zufalls, den Film der Unlogik. Kiki's künstliche Tränen, Kiki's Lippenpaar über die Landschaft schwebend, Sie pflanzten künstliche Tränen in Kiki's Angesicht, Sie schufen »Stern des Meeres«, »Schlagbesen MAN«,

verehrte Lauscher und Lauscherinnen versuchen Sie nicht das Geheimnis dieses Textes zu lüften

DIE AUSSTELLUNG IST ERÖFFNET

25.1.18

Sarah mir kl. Tischtuch mit Widmung schenkte, ich träumte dasz ich in einem Seitengang der Landstrasze von D. ein sehr kl. Grab vermutlich Kindergrab erblickte mit leuchtend roten Blumen geschmückt der Grabhügel mit leuchtend roten Blumen obwohl es üblich war ein Kindergrab mit weiszen Blumen. Oder Gestüt usw., ich fürchtete bettelarm zu sterben nämlich ich fürchtete bettlägrig nämlich *ein Fürchtegott* zu werden, wie eine dunkle Ähre meine Augenbraue über dem linken Auge, das neue Modewort »nature writing«, M. S. trug eine stürmische Locke was ihm trotz seines Alters, ein jugendliches Aussehen verlieh ...... Kalenderchen '18 mit weiszem Lesebändchen, Gardinen v. Schnee usw., wache auf mit den Worten »neureiches Dorf« und »neureiche Dörfer«,

lasz bitte eines deiner Kleider und Wäschestücke bei mir zurück ich fühle mich dann nicht so verlassen und verfolgt von der Nacht die verdammt lang und voll Unbehagen, *ich wäre nicht so verwüstet* wenn du mir ein paar Knochen / Kleidchen / Höschen und Mützchen zurücklieszest ehe du fortgeflogen, welche ich zeitlebens, liebkosen könnte, etc., *ich wäre nicht so verwüstet* würden wir wieder, im Vorfrühling, auf dem Holzbänkchen vor unserem Haus, und unsere Arme in den Himmel höben : solche Verheiszungen, indes beim Nachhausekommen sich auf der Fuszmatte ein aufgerissener Briefumschlag befand *in dessen Rachen*.

9./10. Februar 2018 : ein Asteroid fliegt nah an der Erde vorbei,

9.2.18

»das klopfende Herz des Textes, v. Tier, also »ich weisz auf welcher Wiese die Primel blüht«, so Anneke Brassinga, ich meine stopfen und stapfen im Emmental usw., ich wäre nicht so verwüstet blühte die Primel auf einer Vorfrühlingswiese, vielleicht war es eine Hieronymus Bosch Zeichnung »Baummensch in einer Landschaft« (1510-1515), ich habe das gesehen in der Abenddämmerung : Schaufenster grasgrün : ach zipfelte wirbelte wildes Augengemüse in einem Schaufenster : im Schaufenster des Schneiders Aslan Gültekin, ich habe das gesehen in der Abenddämmerung, wer hat mir das gesagt in der Abenddämmerung in der Morgendämmerung (so) heimlich (so) Matisse wie die Tapete, übergeht = sich übergibt auf den Speisetisch mit Blume und Apfel ich meine wer hat mir gesagt es blühe im Garten zerbrochenes Schneeglöckchen, lasz uns ausgehen flinken Fuszes wie Kerzen = Afamia Al-Dayaa, dasz einer da ist so ein Doppelgänger so ein geklonter,

> diese Sturzbäche : diese Sturzbäche v. Tränen, o, du endlose Stunde, war es eine Hieronymus Bosch Zeichnung »Baummensch in einer Landschaft« 1510-1515 (etwa) früh am Tage ich meine Neckarhalde im weiszen Gewand damals er sei, berichtete er mir, die ganze Nacht in den Hölderlin'schen Gefilden umhergeschweift EIN FRÄULEIN zu finden,

ich wäre nicht so verwüstet wäre ich nicht immer *eingenickt beim Briefschreiben* dasz eine Skizze z. B. »jg. Mentor mit Mütze und Mühe« entstand nun ja verrätseltes Leben, ich meine dies lichtgrüne Geheimnis v. Moschus Moosen und knospenden Zweigen ach diese Vorfrühlingsnatur im Schaufenster der Schneiderei. In einem anderen Schaufenster eine Topfpflanze boxe gegen das Fensterglas nämlich wolle ins Freie, landete meine Träne einzelne Träne auf deinem Ringfinger, usw., er sagte »bist eine Hieronyma oder Eule auf einem kahlen Strauch indes von den Lüften festgehalten ein Spruch oder Sperling mit schreckhaften Füszen, tatsächlich zarten Storchenfüszen : auf einem Fusz, *Habil etc.*« Ich dachte nach : ein flämischer Falter, »bigotter Tisch«, auf einer jg. flirrenden Birke zwei Vögelchen : Drosseln, gehe gebückt gebüschelt im Walde herum …… seit meinem 12. Lebensjahr beim *Völkerballspielen*,

11.2.18

Rüsche v. Blume. Meinem Doktor schreibe ich »du Seele! böse-Geister-Vertreiber! fühltest du alle Ängste Zerrissenheiten deiner Patienten wärest du *selber in bälde*. Gebückt und gebüscht ein Büschel v. Lamentationen, etc.,«

bin ich so elend jetzt (beleuchtet v. Mondscheine : Heinrich Heine),

16. 2. 18

oder ein Minnesänger. Oder ein Geiszblatt. Eigentlich sehr verliebt saszen wir auf der Treppe des Burgtheaters zog ich ein Heftchen hervor zeichnete ein Flügelpaar kritzelte darunter »wollen wir nach Schweden? läuteten die Glocken?« ein anderes Mal im Speisesaal des Erzherzog Johann sehr erhitzt, verbrannt, unsere Nerven, meinem Doktor schreibe ich »du Seele! böse-Geister-Vertreiber! fühltest du alle Ängste Zerrissenheiten deiner Patienten wärest du *selber in bälde*. Gebückt und gebüscht ein Büschel v. Lamentationen, etc.«, bin ich so elend jetzt (beleuchtet v. Mondscheine : Heinrich Heine), ich wäre nicht so verwüstet landeten meine Flüche auf Man Ray's bemaltem Bügeleisen mit Nägeln : 1921 / 1958 nämlich beliebiges »Gift« oder »Cadeau«, 15,3 × 9 × 11,4 cm

ich wäre nicht so verwüstet hätte mich meine Mutter als Tintenfisch auf die Welt, gebracht, ach, flösse die Tinte meines Blutes in mein Gedicht usw., als würde ich um die Ecke schwenken meines Gedichts oder eine Blume mir den Weg *verstellen* dasz ich ins *nichtvorstellbare*, weiszt du

bist Hundsveilchen halber Mond verhüllter weinender Mond (über den Bäumen) als wir damals, nachts auf dem Balkon des Hotels Goldenes Schiff und uns küszten ...... was v. Blättern. Ich wäre nicht so verwüstet würden die, wie im Traume, auftauchenden Worte / Sätze / Stiefmütterchen / nach wenigen Augenblicken untertauchen ich meine in welchen tiefen Brunnen seien sie VERSUNKEN?

ein halber Mond ein verhüllter Mond über den Bäumen, ich habe mich in die Zunge *gezwickt* dasz ich aus Schreien ich meine mit dem Fusze in den Boden gestampft, meine Texte entstehen durch *sich fortpflanzende Augen*! dieser Text ist eine Abstraktion, sagst du, mehrmals während des Schreibens hat sich die Perspektive geändert, ich meine ein Schmollmund, ich habe einen zierlichen Zeigefinger skizziert, um auf ein Wort hinzuweisen, mit einem roten Fingernagel, manchmal als ob mich meine Freunde auffingen bevor ich stürze, ach. »meiner *Seel'*«, ich habe mir nicht vorstellen können dasz ich derart. Um mich würde kreisen (wollen), nämlich jenes Symbol welches ich in seiner *aufgeblühten* Geldbörse (finden würde),

in dessen Rachen.

als ob du mit einem dunklen Ästchen meine linke Augenbraue nach, zeichnetetest, da vor dem Fenster die Gardinen v. Schnee, bin aber geschwärzt mit schwarzer Seele (Seel')! Kalenderchen '18, mit Lesebändchen, der alte spuckende Ofen, die hölzerne Schwalbe an der Zimmerdecke, kreisend, nun ja ich hatte mich in den versilberten Pinguin (auf der Rückseite eines Werbetickets) VERLIEBT! ebenso hatte ich mich in die blauen *fransenden* Blütenkelche einer Kornrade, VERLIEBT ......

Fernando Pessoa schreibt dasz man den Ort wechseln müsse *um zu fühlen*, nein, rufe ich, man müsse vielmehr verwurzelt sein in den Ort an welchen (etwa) ein Tönen der Schritte v. Verstorbenen,

die Erleuchtung v. Pratze nämlich,

...... eine Beobachtung mit *Jens Stupin* : ist einem ein Name entfallen oder entsinne man sich nur des Vornamens = Taufnamens mag es geschehen dasz beim Nennen des Taufnamens auch der *gesamte* Name auftauche. Welcher nicht aufgetaucht wäre hätte man den Taufnamen nicht ausgesprochen : Erlebnis von oder mit BH am Fastensonntag 17. Februar 2018 (in Nebeleuphorie gehüllt, usw.),

17. 2. 18

Beistand der Ohren, oder selige Worte, oder Variation über ein Leidwesen usw.

denk ich an Köln denk ich an Loreley, mit ihrem goldenen Haar: süsze Heimsuchung des Rhein, denk ich an Köln denk ich an die beiden Flammen in ihren, Loreley's, Augen, denk ich an ihren romantischen Fluch dasz Heinrich Heine sie besungen. Nämlich kam sie zu mir ins Krankenzimmer mit meterlangem Zopf und legte ihren Zopf auf mein Bett meine Bettstatt, oder abgenagtes Tännchen, im Fenster ...... ich flaniere in Köln am Rhein ich höre den Flusz rauschen, vergesse mein Schicksal. Wird die Sprache mich retten wird die Poesie uns allesamt retten vor dem Unheil unserer Zeit, dieser Stoff ach gelinder Himmel,

Hölderlin sagt »der Gesang kaum darf es enthüllen«, er meinte vermutlich den Gesang der Vögel im sprieszenden Jahr, das Flüstern der Liebenden, *das Glück des Lauschenden* da er dem Atem des Winds *lauscht*, der Hervorbringung einer Strophe etc. Die Ohren ich meine das Hören sind Verwandte des Weinens sind Verwandte jenes berühmten Wortes des Philosophen Jacques Derrida »wollen Sie mit mir über Tränen sprechen?«

wie himmlisch, sagte Mutter vor ihrem Abschied, meine Augen die nicht mehr lesen können haben BEISTAND bekommen durch die Ohren: dasz die Seele getröstet wird,

komponiert zwischen 4.-
20.2.18 *ich habe das
gesehen in der
Dämmerung (nämlich)
gehört mit diesen Faun's
Ohren, ach!*

ja, sagt Ely, es geht um Wasserlassen, nein, sagt Ely, die Toten schlafen nicht. Geistern nämlich, kniee vor der Maschine gehe ins Knie, Brecht lehrt weinend über Dialektik (Diadem), ach! Nerven-Verwandlung, Titel für neues Buch? usw., danke für dein Typoskript, so Ely, dasz deine Texte durch sich *fortpflanzende Augen* entstehen, dieser Traum war eine sommerliche ROSIGKEIT war eine lebhafte Rosigkeit, da ich die WC-Türe aufschwenkte JA schwenkte und die eigene Wohnung nicht mehr erkannte nicht mehr erinnerte, sondern Badhütte und See (welcher See? war es jener kälteste See an dessen grünem Saum Ely, ich meine unter rauschendem hohen Baum sasz und ein Tüchlein aus seinen Pantalons ein Zipfel nämlich und sackte ins WIESENGRÜN, indes jg. Mutter meine jg. Mutter sich in die Wiese, und nestelte und lachend ...... dies schnarchende Wetter oder Witterung oder *online-Winter*, ich meine diese aufgeschwenkte WC-Türe),

also Vater sprach damals v. Hasenbrot er habe mir ein Hasenbrot mitgebracht es war etwa, das Brot eines Hasen oder für einen Hasen, man müsse das Brot im Arm, wie ein Jungtier, etc., in meiner Kindheit, nämlich am *Waldessaum* (was für ein paradiesisches Wort!), auf Zehenspitzen wir hausten / die Honigaugen der Bienen: Beeren, diese immensen Tauben und Tauben-Gewürze, Gewürm, sei es um *Sensationen* = Empfindungen gegangen, so Ely, also um Vorfahren slowenische Vorfahren, aus Gottschee, so Ely, sei vermutlich der Grund dasz wir diese schwarzen Haare bis ins hohe Alter, *overkill*, usw., mit einem Lampenfieber mit einem Lappenfieber am halb-offenen vis-à-vis-Fenster Hoffenster = Hoffartfenster ich erhaschte, linste weinende rote Gieszkanne, grünen Wiesenknopf

es sieht aus wie lila Obst!

Modewort »nature-writing«, befinde mich in psychischem Ausnahmezustand. Mit dem Schiff, weine ich, mit dem Schiff das Paket = Paletot, das Paket sei mit dem Schiff gekommen, seine Hülle sei feucht gewesen ich meine das Paket sei mit dem Schiff gekommen sei über das Meer gekommen, sei mit dem Schiff übers Meer gekommen, sei mit dem Schiff, sei mit dem *Schiffchen*, mit dem Papierschiffchen, so Ely. Sei über das angebetete (Meer) gekommen, sie habe schon bei Röte, des Morgens *den Schwimmanzug*! angezogen sie sei dann mit dem Schwimmkostüm, trotz der Kälte ins Meer gegangen sie habe dann trotz der Kälte im Meer gebadet, ich meine an der Seite der Fische, sie habe ein Schiff gesehen. Vermutlich war ich als Kind mit blauem Gewand, hatte Magen-Übelkeit muszte aber einen Satz auswendig *hersagen! herzig! herzig! als Kind!*, stürzte in den Teich des Schulgartens, als Kind! das zerrissene Telefon, zerrissener Tulpensaum,

Lochmaschine stanzt HERZCHEN statt Vollmond aus, ich wäre nicht so verwüstet wenn dieses Wasserlassen, triumphal, *Furie v. Schnee* usw., Adler v. Schnee, Zunge v. Schnee, Gardine v. Schnee, Leib v. Schnee, immerzu bin Wölfin, Wölkchen v. Schnee, schmecke Flokke v. Schnee, Märchen v. Schnee, ich träume Glaskugel in welche es schneit

AUF EIN BAMBI!

liebe Sarah, danke für kl. Testament duftend nach Eibe : Elite v. Eibe ……

meine Mutter, haszte das Kartenspiel,

24.2.18 ach desparate
Musik eines Rossini,

oder behütet : leichtes Gemurmel, als ich (verspätet) ankam, nämlich Franz Schuh

sind auch dir : wie mir : von einem Augenblick zum nächsten die augenaufschlagenden Worte Sätze gelöscht wohin sind sie *umhimmelswillen* getaucht : untergetaucht ins tiefe Vergessen und waren doch so wunderschön wie BLUDENZ z.B., du sagst »pardon wenn ich sitzen bleibe!«, als ich ankam saszest du schon da, auf den Polsterstühlen und aus deinem Munde = bocca della verità = tönten die Wahrheiten oder ich konnte sie ablesen von deinem Munde, von deinem Munde ablesen. Als ich damals in Rom meine zitternde Hand, in die bocca della verità legte ahnte ich nicht dasz ich Jahrzehnte später dir begegnete, im Alkoven, ach die Sprechblase aus deinem Munde »du liebst die Worte du bist in die Sprache verliebt usw.«, ich dachte an Jacques Derrida, fragte dich ob du ihn auch so liebest, indes dieser Winter so triumphal, da ich verwildert, habest die Eltern BEHÜTET bis zu deren Ende ...... vorgebeugt im Windstosz. Die Eichelhäher die Eitelkeiten welche uns beglücken, sagst du, oder mit Palmenhand begrünt es sichelt, die Nacht, du seist ein wenig melancholisch gewesen, siehe es wächst dir die Philosophie der Wahrheit aus dem Herzen (»it was all about feelings« = es geht nur um Gefühle um Geisteslandschaften ENGADIN), »Hemdhose«, »Wärmeflasche« »pink torso« v. Rachel Whiteread,

deinen Namen auf der Strasze spazieren lassend oder gefrieren lassend deinen Namen so Lieblingsader,

1.3.18 ich
meine :

man fragt mich was ist der Inhalt nämlich *Schlepptau* des neuen Buches, ich sage »verzage nicht!« und sehe aufs Wintermeer hinaus, es geht um NICHTS und es geht um ALLES, vielleicht polyphon, es geht um Sensationen = ich meine Empfindungen, im Sinne v. Materie : Tisch der Materie, es geht um das böse Blut : das blaue Blut oder Herzblut : ach um ein lg. Leben es geht um den Knall den Knall der Verliebtheiten, Vergeblichkeiten, Phantasien Tagträume oder wie EvS flüstert »am Morgen also im ersten Morgenlicht den Kopf vergraben auf Küchentisch und erstes Tränenvergieszen, dann WUNDERLICH!« ...... also mit tausend Armen die Sprache locken heranlocken etwa, Schulter an Schulter,

diese exzessive, BAMBI-NATUR : ha!ha! Klassiker einer Kindheit, SLANGE, sagst du, SLANGE! *du probierst das Zischen*, Zischen v. Schlange, damals auf diesen schmalen Stegen lag sie, sonnte sich ich habe den Ort vergessen ich vergesse den Ort / englisch »i forget the place, usw.«, der Name des Orts ist mir *entfallen* tatsächlich herausgefallen aus meiner Stirn, ach rosa Malve die Stirn deine Stirn, deine ewige Stirn,

da ich den Wasserhahn, aufdrehe höre ich eine Stimme die zu mir spricht : »bist Liebstöckel Märzenbecher Geschwader von.«

PNEU des Wäldchens!

Geschwader v. Narzisse, betäubend v. Narzisse, an einem See (im Namen im Nacken im Nachen in der Nacht usw. einen See überquerend, mit der Hand ins Gewässer, tauchend, Augengewässer, Augenwässer, du schirmest : schirmest ab, dieses SONNENRAD, nämlich)

2.3.18, ich wiederfinde die
gesammelten Gedichte
von Höld. »trennen wollen wir uns« ...... in deinem,
Nymphengarten,

»dieser Hundes, Sturm heult, *diese allzu-Schminke*, weiszt du nämlich ein Abendrot, habe Busze getan für böse Taten : zeitlebens böse Taten : immens böses Blut usw., in einem Morgentau in einem Flur : in einer *Flur v. Anemonen* in einem *Nymphengarten!* dieses abstrakte Schreiben weiszt du, wer früh am Tage, ich meine eingenickt : *wieder eingenickt*, dasz eine Skizze = Fräulein Skizze : sich selber zeichnet also immer wieder eingenickt (beim Briefschreiben nun ja solch verrätselter Ginster = genêt (franz.), Neckarhalde etwa in weiszem Gewand usw.), als ich zum 1. Mal Konrad Bayer las, sagte ich *nein ich verstehe es nicht!*

ich meine dieser Hundes Stern

unermeszlich Tuberrose, Spuk v. August so dasz sich auch seine Spucke, duckte, ich wurde in meinem 30. Jahr geklont!, ach Hagebutten-Delirium, mein grünes Auge starret ins grelle Mittagslicht, die roten Beeren die Beeren Ribiselbeeren wie sie glänzen, Jacob Marrell's Stilleben mit Blumen auf einer Tischplatte, Öl auf Eichenholz 24 × 34 cm diese allzu Vergiszmeinnicht, sinnierst an Morgenstunde Kopf auf Tischplatte, klopfest mit Herzchen, Stimme in deiner Brust, Zierart : weiszer Schmetterling Hölderlin, am Stiel in Henkelglas, nämlich Aquarell v. Pomeranze! auf Tischchen etwas v. Regen, Orange v. Pomeranze, Palermo ...... ich meine sie malt : Martha Jungwirth malt Pomeranze v. Regen, tiefes rosa : ächzend tiefes orange : unnennbar tiefes rosarot, Martha Jungwirth, ihre jahrelangen Tränen, nun ja, sage ich, solch weiszer Falter in einem Fiebermonat, in einem Glas also beim Fischen beim Fiebermessen das ...... nicht mehr hören können!, so variabel, sagst du, eine Zeit in welcher man die Freunde HEGT, eine andere Zeit in welcher man sie nicht hegt, *ehestens Taubheit v. Zeit*, ach stammelte morgens, als ich ein Knabe war : mich oft verknöchelt hatte meinen linken Fusz verstaucht hatte, meine Füsze vertauscht hatte, möchte im Klostergarten, UND FLOX!, *als ich ein youngster!* Als ich phantasierte!

knurrest in den Lüften! mein Bruder war eine Wachskerze, sie wollte = Brigitte S. = mit ihrer Katze = Kavalier = durch die Felder auch Ährenwelt, usw.,

man gehe nämlich zufusz von dannen, im Krankenhaus die Tür zur Schlaftherapie mit dem Ellenbogen geöffnet es war auch ganz still im Gang, ich meine löffelweise der Tod : grausiges Ungeziefer!

diese verwunschenen Zettelchen, diese in sämtliche Direktionen verstreuten Adverbien : ein System v. VIELGELIEBT!,
ich meine verknautscht : die Seele verknautscht, die Seele, wie Lackschuh! (verknautscht),

wer hat gesagt »so heimlich (so) Matisse da die Tapete überflieszt auf den Tisch, mit Blume, Apfel, wer hat gesagt es blühe im Garten : solch Luftgefieder (Schmatz), also zerbrochenes Schneeglöckchen,
als sie ihre 18-jährige Muschi herzeigte!«

an den Toren die Sperlinge der 3 roten Ribisel an welchen ich erkannte dasz das Gemälde aus einem vergangenen Jahrhundert stammte nämlich v. Jacob Marrell 1613/14 mit gelben Tulpen, auf einer Tischplatte, Jungquitte, nämlich, Inneres eines Bildes, überirdisch, sagst du, überirdische Kälte!

den meisten Weg kicherten wir als wir durch den unaufhörlichen Wald, wie jg. wir waren, in diesen Forellenbergen,

die Kopfbinde der Turban –

WIE ICH MICH HINSCHLEPPE,

Repetition v. Haarlock'

4.3.18, allmählich,
wischte : verwischte
Liebling's Sprache,

blaues TINTCHEN des Jean Paul, der Rumpf deiner Schriften, nähert sich der Vorstellung dasz du zwischen den Rosenbüschen, im Hof der Gastwirtschaft (»Margareta«) trippeltetest was mich beflügelte, tatsächlich hast du in deinem schönen handgeschriebenen Brief vergessen, die Klammer welche du am Anfang des Briefes geöffnet, am Ende des Briefes zu schlieszen : ich kann spüren dasz es zieht ich spüre dasz es zieht. Am Ende der 1. Seite hast du ein zierliches Zeichen (•/•) gesetzt : sieht aus wie Augenpaar mit strenger Nase und scheint die Aufforderung »bitte wenden!« zu flüstern, ich meine es war *ein glamour*,

geh in die Küche zum Frühstück! rufe ich, *der Katafalk* am Ende des Gartens (wo wir noch nie gesessen sind), mit schwarzen Tüchern verhüllt, es dämmerte schon usw., Aurélie le Née hat telefoniert dasz du eine Fee, ach die zweifache Erfahrung, einer Wiese, eines Tintchens, nämlich Tintchens ...... ich trug schwarze Tellerkappe,

solch engelhafte Papptablette, sagst du, da gab es im Café Sperl ein Tablettchen aus Porzellan! Was mich euphorisch, STIMMTE!, ehe ich zur Lesung, sage ich »es ist verwunderlich wo die Leidenschaften uns *hinjagen*!« wie

ärmellos diese Kirche!

eine Entrückung, sagst du, Überdosis Natur, sagst du, verblutende Blütenpracht, dieses Sinnen : Nachsinnen am frühen Morgen tief und verkohlt und lümmelnd am Küchentisch, ich meine wie Gottesmutter *der Essensträger um 9!*, wir wollen WEGZEHREN, sagst du, als ob du mit einem dunklen Ästchen, nachzeichnetetest meine linke Braue, Augenbraue oder Gestüt, weiszt du, fürchtete bettelarm zu sterben. Wie, dunkle Ähre, *Fürchtegott*, nun ja, meine gestrichelte Braue Augenbraue, hatte mich in die Fransen : blauen Fransen einer *Kornrade* VERLIEBT, dasz man verwurzelt mit dem Tappen etwa, der Schritte jener Verstorbenen,

fnufffnuff, fnufffnuff,

13.3.18, lasz uns
ausgehen! wie Kerzen!,

du sagtest »Dach oder Plateau« das Dach Vordach Mütze der ALBERTINA = Kunsttempel, Curry wie Putzlappen auf der Anrichte = Kredenz : flehentliches gelb auf der Fensterbank, Radieschen und Erdbeere : stürmisches rot auf dem Feldbett, hocke in meinem Feldbett und skizziere Bouquet v. Sprache nämlich erkannte dasz diese Büsche v. Sprache einen Duft aussandten, ich meine : unter Tränen erfuhr ich dasz dieses *ärmellose* Glücksgefühl. Nun ja es gab vermutlich einen Zusammenhang zwischen den Generationen v. Farbe und den Geweihen an der Wand des Landgasthauses ...... am Morgen eine Übelkeit beim Anblick der Farbe violett in einem Schüsselchen indes du vor mir mit blasser Haut usw., damals mit deinem Hündchen hast du einen Blicketausch *veranstaltet* : wer v. euch beiden : wer v. euch beiden konnte den Blick des anderen länger halten : aushalten,

Leberblümchen hangauf ich meine auf der Wiese : treppensteigend ich meine Leberblümchen treppensteigend in blauer Farbe auf grüner Wiese,

du schreibst du schreibst mir, über Nacht über Nacht seien dir Zöpfe gewachsen oder Geweih, du schreibst »ich wachte auf und erschrak weil an meinem Kopfe ein Geweih oder Zopf usw.«, die schrecklichen Dinge, sagst du, geschehen NACHTS, weiszt du, man wacht auf und erfährt dasz ein Geweih oder Zopf an der Stirn, ich hasse Turban AUCH FUSZBALL (nämlich Fuszball!), gingst aus dem Haus, zitiertest »oh Scirocco nimm mich auf deine Zunge!«, Agentur v. Schildkröte, träumte mir, snuffsnuff in einer schöngelegenen Psychiatrie, wow!

wie ich mich hinschleppe! rosiger Hahnenschrei, die Kunst des Cy Twombly z. B., ich habe jeden Sommer, diese Jasminblüte im Stadtpark *versäumt* ach reisze mir die Brust auf. Indes die brennenden Katzen in Rom, tropfenden ja! tropfenden Glyzinien von den Balustraden, Tintchen v. Glyzinien violette Entrükkung, weiszt du ...... lümmelnd am Küchentisch, damals hatte die schwarze Tellerkappe auf : *die mich nicht kleidete : hör mal! : die mich nicht kleidete*, solch bengalischer Wald, solch Spracharbeit

WILD *und* KONKRET (liebe Sarah danke für hl. Tischchen mit Eibe und Elite, und Kritzeleien), wow! blaszgrünes Wölkchen! wow!

16. 3. 18, bin während
Briefschreiben
eingeschlummert!

an Martha Jungwirth,

dieses grätschen am Morgen, dieses Wort verfolgt mich, am Morgen, vielleicht ein Wort aus einer übersetzten Sprache, sagst du, aus einem Nelkenfeld, vielleicht *jenes lichtgrüne Ding* : lichtgrüne Phantom ich meine Phantom des Frühlings, eines Frühlings dargestellt mit Pünktchen v. grün und rosa, zart gebündelt mit einem Bast usw., jegliches lichtgrüne Ding in der Morgendämmerung in der Dämmerung einer Erinnerung indes die Malven-Farben der Martha Jungwirth, die klagenden Sträuszchen, *klagenden Hundsveilchen*, intonierender Leidenschaft usw., es hatte mich entbrannt usw.,

nämlich dasz die Falter des Waldes. Täuflinge des Regens sind wir, haben die Kleider getauscht wie spielende Kinder ...... Narzissen geschultert, Kornraden und Gladiolen,

manchmal statt der Worte die mir verloren gegangen eine Diotima heiszer Tränen, denn ich wuszte nicht so viel Zeisige : Haarsträhne KLECKST über linkes Auge, damals in D. : *Körbchen mit Krallen*,

es war ein Klatschmohn es war *ein Tintchen v. Malerei*, ich war in ein Delirium gefallen

der Essensträger kommt um 9

19. 3. 18, ich hab's heruntergeschluckt : deine Hände deine Hände : *sie schläferten.*

» ./. dieses Zeichen«, ich meine paralysierte Sonne diese Bergluft in diesem *Gäszchen* : »vägen« auf schwedisch? ach dieses Fragezeichen : Kavalier mit Krawatte! da ich, ein Wasserträger am Morgen meine Füsze eintauche in heiszes Wasser, dasz ich Lieblingssprache wischte, verwischte – wieso? vielleicht lebe ich in einem Gäszchen. Von Sprache wunderbarer Sprache.

Ein wenig v. Vater : *Papa!* Struktur des Vaters : *Papas!* Papa chauffierte, wir fuhren sommers nach D., durch die Alleen, wilden Alleen ich erinnerte GRÜN, Vielfalt v. Kindheit, damals huschte : hustete, im Landhaus ich hustete nachts, Mond lieblich im Dachfenster, dasz mir die alten Fotografien *verrieten* : wie ich damals in meinem 9. Jahr mich mit den Schulkameraden drehte nach links oder rechts, es war im Frühling es war im Schulgarten es waren Löffelchen, *so endogen*, ich erwartete dasz er, mich küssend, die Lippen mir öffnen würde aber er drückte vielmehr einen STEMPEL auf meine Lippen ...... nämlich spannend : fragte mich was für Vögel was für Blüten was für Gefilde = Gefühle sich mir darbieten würden, etc. In einer schlaflosen Nacht stand ich am Fenster und sah dasz eine Fackel *ein Federbett* im vis-à-vis Gebäude aufflammte so dasz ich fürchtete dasz ein Flächenbrand uns verwüsten würde, ebenso bezwingen, am Morgen jedoch.

Ach der Sommer als der Sommer, wie der Sommer vorübergehuscht auch sei ich vorübergehuscht, ach die Taube wie sie vorübergehuscht, ach die Schneeluft, sagst du, sei vorübergehuscht. Ich meine, damals, in den verflogenen Jahren, sagst du, seien die Höllenängste, ach die mühsame Jahreszeit, und blickten ins Tal *ins sepiafarbene*, erinnerst du dich, ein Büschel Träume, du gingst die Treppe hinunter, Duchamp's Akt eine Treppe hinuntersteigend

verblüfftes Fensterchen,

dasz die Blumenbüsche dasz die Mimosen dasz die Mimosenbüsche auf Zehenspitzen (trippeln) dasz diese hingeschmolzenen Vögel dasz der *colorful Rhein* usw., dasz die Adjektiva Farbe bringen in einen Text, sagst du, dasz eine Frack-Uhr Farbe bringt in ein Schamanenkleid, dasz dein purpurrotes Kehlchen,

»du bist so lousy!« (adj.),

24.3.18, flimmernden
Fuszes. Mein
Taschenkalender LÜGT!

alles ANGEWANDTE, mit grünem Filzstift ANGESCHMIERTE : Kredenzen Einkaufsnetze kl. Bäche durch die Küche – oh! auf dem Küchenboden die Zipfelchen v. Silhouette : die Silhouette eines Vogels mit aufgesperrtem Schnabel = ist ja Frühling! ach Osterpinzen wie er sie gern verzehrte!, palmsonntags diese Stürme wüten! ach wie die Quellchen sprudelten : in schönen Strophen keuchten, durch die Küche auch deklamierten (ich buchstabierte DÖBLING), Betrachtungsweise der Berge am Horizont, Menge v. Äpfelchen und Applikationen v. Rosenkranz,

ehestens Palmkatzen-Zweige geschultert! allzublaues festgezurrtes Himmel's Gewand, gelbes Tulpen-Gewand aber Lanzen. Von Blütenblättern (süsz wie ein Bild dieser Fauvismus!) schon die alten Chinesen warnten vor *Krankheitswind* usw.,

ach deine engelhaften! und engelhaften Papptabletten, und wie sie schläferten wie deine Hände schläferten! mein Basiswort ist NEIN! NEIN! und NEIN!, bin ich Vogel und ausgefranst bin ich Verfall?

Pappteller's zierliche Sprache, sagst du, indes 8-jährig, spielte Diabolo, sagst du (diese Lanzen v. Blumen), diese Lanzen wie sie mich durchbohrten, ich meine v. Frühling,

25.3.18

durch den weiszlichen Spalt, der Gardinen : winterlich kuscheln ein wenig ruszig die Fensterpolster, damals, im Wohnzimmer *gegen des Winter's Unmut*, weiszt du, ich mich lehnte an Fensterbrett, meinethalben die *Form v. Sau!* nämlich ausgegossenem Tee (indes die AMEIS' auf Frühstückstisch usw.), ich meine Robert Schumann's Mund umspielte. Ich meine ein Lächeln spielte um Robert Schumann's Mund wenn er der Musik des Mendelssohn-Bartholdy lauschte, ach Lieblingsküsse in Mundhöhle. Es geschah dasz eine Pfütze v. Frühstückstee, ausgegossen auf Tischplatte ...... hatte Reste v. Mandarine in Mundhöhle dasz ich nicht artikulieren konnte, biszchen Fieberwahn! Osterglocken auf der Reise nach Rom, göttliches Putztuch, Leine an karmesinroter Jalousie welche heruntergezogen, das Tageslicht AUSZUSPERREN, Wellenlänge v. Genitalien wir haben uns lange nicht gesehen so laubgeschmückte, –

immer wieder = *abermals* : Abraham : tauchen sie auf die Erinnerungsbilder : deine Füsze im Flüszchen v. D., usw., du sagst es geht um Erkenntnis, saszen beim Chinesen an der Strasze welche laubgeschmückt, hör mal gewürgte Zeiten böser März! frage dich wirst du ans Meer, ans kroatische, frage ich dich, bin dir in die Arme gelaufen!

Adagio, du.

27. 3. 18, das Café
Griensteidl ist nicht mehr

das Café Griensteidl, das
Café Griensteidl heiszt
jetzt Café Klimt,

es rege mich lange (mit zerrissenen Gliedern) an, sodasz ich unter freiem Himmel verzückterweise, es rege mich verzückterweise an, ich meine diese Malerei, usw., seit 3 Tagen liege ich mit zusammengefalteten Gliedern (siehe oben) über dieser wunderschönen MALEREI welche mich belehrt und bereichert – wäre ich vielleicht lieber ein Maler geworden? richtunggebend, wie Ponge, erinnere ich die in Sträuchern nistenden Punkte v. Sperlingen ...... hatte (ich) damals in Bad Schönau eine bemalte Tasse v. Bad Schönau, NÖ, eingekauft, indes ich sitze vor meinem Alpenfenster, *oder bin dissonant*, grünes Blättchen, *aus Wachs!* : seltsam, wie Speise, v. Marzipan, Märzkälte : Lenaublues, vielleicht (ich) hatte Naturwelle, Welle des Gosausees, hatte Nadelwäldchen v. Rohrmoos betreten weiszgott war eingetreten in Nadelwäldchen v. Rohrmoos, glitt mein Fusz auf dem Boden mit Fichtennadeln, eilte zum Städtchen, nicht wahr, engelgleich nämlich ein joint, siehe, vor meinen Füszen das grüne Wachs : Phantasie,

> Robert Schumann's Lächeln habe gespielt, *oder seine Lippen umspielt*, wenn er der Musik des Felix Mendelsson-Bartholdy lausche, gelauscht, also laubgeschmückt,

ich habe gelauscht ich habe diesem Fichtenwäldchen gelauscht ich sehe vor mir die Sprache : die Sprache v. Malerei, ich habe geschwärmt ich habe von diesem Fichtenwäldchen geschwärmt, jetzt musz ich SOFORT DIESE TONART WECHSELN! :

> immer noch dieser Schnee-Almanach, ich meine keuchend, diese Osterglocken die nach Rom geflogen sind, keuchend nach Rom geflogen sind, ehe sie an

den flammenden Palmen in der Währinger Strasze vorübergesaust sind,

kannst du mir *eine Puderquaste*, ich meine *der Mond ist eine Puderquaste*, (besorgen) ? ach an der Straszenecke wo es geschneit (hat) und Linde W. mich in ihr *blutrotes* Auto zusteigen liesz (in welchem wir mehr lagen als saszen), indes die blanken Blumen in meinem Kopf usw., vermutlich Au-Gewässer : Augen-Gewässer ...... *womit nur habe ich dich betrübt?*, will noch eine CHIMÄRE : ach will noch ein Blättchen schreiben.

In deinem tosenden Brief ach der Berg flog wie ein Vogel davon, hatte nicht / in rosé / diese Quelle der Donau meine *Fuszgelenke*, in Donaueschingen nämlich, eingetunkt geweiht gesegnet also BRILLANT in den letzten Strahlen einer untergehenden Sonne,

waren wir damals tatsächlich in Marathon an der Küste weil ich in deiner Nähe sein wollte, da du dich aber entferntetest rollten meine Tränen, *ins Meer*,

GRÜNSPAN IN D., sage ich,

29.3.18, ich sasz neben
dir und du sagtest es
schwebe dir vor :
minimale Zeichen der
Sprache = Peter
Waterhouse,

engelgleich nämlich ein joint, wehe wenn da einmarschiert ein Schlangen-S *nämlich Schlänglein*, zwischen »engel« und »gleich«, dasz gotterbarm, einmal sagte er *»Schattentüte«*, einmal sagte er »charmante Küche!«, einmal sagte er »so ein Paillettenwinter!«, oder mein linker Fusz war tabu! oder taub! oder Tau!, in deinem Brief links oben das Wörtchen TAU, hast du in deinem Brief an einen Tropfen Tau gedacht, ich meine an einem
geküszten grünen Halm ein Tropfen Tau, die halbe Wolke einer Taube die roten Füsze einer Taube, ich schrieb

> habe sie gestülpt die roten Schühlein gestülpt bei Vollmond übergestülpt tatsächlich bei Vollmond, stand ich am Fenster, zog es mich HINAN!

hatte Schlupflid himmelblaues Schlupflid, ganz klein im Winkel eines vollgekritzelten. Blattes hockte ein Stiefelchen, schreiendes Stiefelchen, ich zeichnete viel, heute Ostern heute ist Ostersonntag, sagst du, es möge noch oftmals Ostersonntag kommen, ich möchte immerzu immerfort immerdar. Blättern in meinen Leben's Blättern, *Unschlitt* des Schmerzes immense Backe und Träne, in der Sprache meiner Verwilderung usw., damals Linz, auf dem Pöstlingberg dein liebevoller Umgang mit kl. Blume ich glaube GELB die ich für dich gepflückt, du saszest dann mit der Blume in deiner Hand, betrachtetest gelbe Blume, dein Kosen der gelben Blume, des Blumengesichts, ich meine da du mir diese Liebkosung versagt, ein grüner *Halm oder Hals*, eines Hymnus, es genügte mir schon, damals, an deiner Seite zu sitzen, Pöstlingberg, an jenem Abend *ein Splitterchen* so ein sprühendes funkelndes Splitterchen Mond gesehen, solch

Kleist-Immortelle,

1.4.18

saszen an einem wurmstichigen. Tisch im Freien vergangenen Sommer warum ging mir dieses Wort nach, der Schnabel eines Vogels auf dem Parkett, diese dünnen ich meine Stengelchen. Einer maszlosen Wiese ich meine zerbrochenes Schneeglöckchen mit weiszen Scherben im Gras, dasz ich so weinen musz da der Gesang des Zaunkönigs, saszen wir oft in den Gärten, lauschten diesen, *Pagen v. Nelken* ...... diesen dünnen ich meine Segelchen, von ferne (vom Fenster aus) die Hügel hinunter die Sturmvögel des Frühlings, du wolltest mir ein paar KEUCHENDE Schneeglöckchen unter die Treppe,

dasz sie mich anhimmeln ...... ach dieser Hänfling dieser Flaneur!, ich habe nämlich das Tännchen. Verloren in der Wohnung. Stürzend ergebe ich mich, indem ich stürze ergebe ich mich, ergebe mich in den Sturz : in den Schmerz!

so eine Amsel so ein schwarzer Vogel mit aufgesperrtem Schnabel : Blechvogel : man konnte sehen wo man ihn aufklappen würde, eingesunkenes Auge, war er Brüderchen? hatte künstliche weisze Schwanzfeder? aber nur einen Fusz, wieso. Einen Brosamen im offenen Schnabel indes ich diese Zeilen notiere hüpfet mein Herz ticket mein Herz und trompetet, liegt Vögelchen auf linker Wange singt Vögelchen eine Kantate! kauert Vögelchen *im browser* – was ist browser? manchmal gingen meine Eltern zum Kegelspiel ich war aber noch klein ...... kam er der glorreiche Komponist *stockschwingend* auf mich zu weil ich den Wanderstock im Gebirge vergessen, tatsächlich hattest du in deinem Brief v. 10. 3. 18 vergessen, die Klammer welche du am Anfang deines Briefes geöffnet hattest am Ende deines Briefes zu schlieszen, ich meine am Ende der 1. Briefseite hast du ein zierliches Zeichen, gesetzt :

das die Aufforderung »bitte wenden« ausspricht. Während ich den Wasserhahn, aufdrehe höre ich dasz du flüsterst »Pneu des Waldes«, »Liebstöckl«, »Märzenbecher«, »Augengewässer«, man fragt mich was die Materie sei meines neuen Buches,

ach ein Page v. Nelken ...... hast dich an deinem Arm blutig gekratzt, sind dir an deinem Arm rote Blumen gesprossen

4.4.18, Mutter vor ihrem
Hinscheiden mir, was ich
redete, nachsprach,

bis du an mir verrückt wurdest : an meiner Melodik, *aufklauben* Zettelchen vom Boden aufklauben AUFKLAUBEN, Zettelchen mit Notizen, als ob ich aufklaubte : lila Blüten welche auf eine Wiese, herniedergeschwebt, sehr melodramatisch diese glitzernden Blicke glitzernden Tränen, Bildnis v. Samuel Rachel, stöckelte, Titel des Bildes »Lily's Täschchen«, man sah nur ihre Füsze und ihre Hand welche das Täschchen hielt …… aufklaubte vom Boden beschriftetes Zettelchen, aufklaubte v. Wiese, abgefallene Blüte v. Baum usw., Halluzinationen am Morgen : sah immer Leute im Garten rumlaufen usw., der Verfall meines Gesichts oder Geistes, Zitronenmorgen!, sagst du, Zitronenmorgen!, eines Leberblümchens Atemholen, Wäldchen April sweet April ein winziger Mimosenstrausz auf dem Küchenboden, wir schreiben den 8. April 2018, ich schleppte mich zum Café Eiles ich dachte das wichtigste in meinem Leben war dasz man mich lesen und schreiben lehrte, damals es regnete auf die Büsche im Schulgarten, unvergeszliche Zeit ich war ein Mädchen mit schwarzen Haaren und blauen Augen. *Bin dir im Wald begegnet seltsamst in Zweigen*, Urgroszvater war Förster,

die Adler werden die letzten sein die überleben, in deinem Burberry. Siehst in deinem Burberry aus als kämest du gerade aus New York, mein Botero! ich leide Schmerzen, ein böser Traum, sagst du, er überschattet mir den Morgen, was für ein böser Traum ein Neumond über dem Dach der »Albertina«, ach kräuselt bleicher Neumond, ach kräuselt halbes Angesicht, bin immer so halbherzig gewesen, habe mich an 2 Tagen hinter einander in die Zungenspitze gebissen, beim Frühstücken, auch in den Finger geschnitten am Zeichenpapier,

7.4.18, was darf ein
Gedicht, fragst du, darf es
alles, es geschah dasz
eine Pfütze v. Tränen ......

ich meine wie Papageien was soll es denn sein, bei schmachtendem Regenschleier (mit Papageien) was soll es denn sein, über welches Thema sollte ich recherchieren, nein, sagt sie, würdevolle Worteinfälle geistreiche Gespenster, du brauchst nicht zu recherchieren, ach Papageien!, sweet april! süszer April, sage ich, *oder Botero*!, er tauchte auf, tatsächlich aus dem nichts!, und ich frage mich warum gerade Botero, seine Mündchen winzige rosa Mündchen INMITTEN V. MONDGESICHT, usw., ich habe mich in diese Mündchen : rosa Knospen v. Mündchen verliebt, ich habe mich in seine : in Botero's, Dissonanzen verliebt, mit Papageien was soll es denn sein? Ich möchte seine Mündchen : Paradiesgärtchen *aufsperren* : küssen, mit verborgenen Zungen umarmen,

> die Kunst ist mein alles. Die Worte als Worte ausstellen, ohne ihren Sinn zu entfalten, ich telefoniere mit Ulla-Mae, wie der Frühling aufgewacht ist, eine Mandarine ganz gelb, die Schuhe des Schlafes, das Krönlein, diese Mündchen v. Botero, pulst etwas v. Papagei auf deiner Schulter etc.,

dein Laubwerk nämlich, ein Leopardenmantel beim Erwachen, auf meinem Bett, die Blütendolden wankten im Fenster, mit rosa Farbe malen, auf rosa Löschpapier, so viele Beethoven ...... die Summe aller Tränen, ein blaues Schwert in deinem linken Auge, ich glaube ROT, wie Mündchen v. Botero,

> ach diese Schar v. Page (Papagei),

15.4.18, *so waterproof!*,

MOTTO

am Waldessaum, dort, lodern die Häuser im Morgenrot ach Quaste an deinen Schnabelschuhen! als der Pinsel peitschte aus deiner Hand (Dalí malte Gala mit einem Kotelett auf der Schulter) die letzten Tage des Mai donauwärts, weiszt du, auf einer vergilbten, Fotografie, standen wir vor einer Blütentapete, trägst gelben BODY ?, ein Irrsal v. Sonnenblume,

17.4.18

möchte biszchen WINDIG in Kurrentschrift, wollte mit dir, feine Amsel, zu Tisch sitzen im Wind weil sonst keiner (weh mir, da) usw. fliegst : fängst an : zu schreien dasz ich dahinschmolz, wie Windsbraut (wenn einer mich anlächelt, über die Brücke), wie ich schmolz dahinschmolz, und flog, aus Fensternische, auch schrien die Kleeblätter, wimmelten mich ins grüne, ach die in den Wässerchen nickenden Verse!, der vergangene Sommer so glühend, gewesen, dasz fiebrig, aufgesperrte, Schnäbel (v. Klee) *indessen Rosette des Mai*, usw., der Christbaum! die Christenheit! auf dem Tapezierertisch auf welchem die Kleeblätter, sprossen, flehentlich Büsche, weiszt du, winzige Mündchen des Botero, Schar v. Papagei auf deinen Schultern, Verse! : nachäffend, Zierde v. Nachmittagssonne, Collage v. Blüten in deinem Brief, sage ich, ist mir bleiches Vögelchen zugeflogen ist mir purpurrotes KEHLCHEN zugeflogen, *aufklauben!* Zettelchen vom Boden aufklauben, hör mal : beschriftete Zettelchen, als ob ich aufklaubte rosa Blüten, neuestens, sage ich, Feminierungen der Sprache, ich war aber klein, »der Spaziergang« v. Chagall, Mutter vor ihrem Hinscheiden nachsprach was ich redete, wo wären ihre inständigen und zahlreichen Gebete OHNE UNTERLASZ (geblieben)

ich hatte mein Konterfei liegengelassen, möchte biszchen Venedig (windig) ……

23.4.18, ehe ich aus dem
Bett : *brumme* die
Sprache, mit
aufgerissenen, Augen,

sensualisiert ich meine sensualisiert, was mich beflügelt, sage ich, meine Freunde sind mit mir alt geworden ich bin mit meinen Freunden alt geworden. Eigentlich sind wir Feldhasen : fliegende Feldhasen mit Kropf und Gebüsch nicht wahr, mache einen Schritt in den Garten, die Rosetten der Frühlingsblumen, ein Tautropfen an deiner Stirn, 2 Minuten auf dem rechten Ohr. Geschlafen oder geflattert, fange in halber Stunde *zu brummen* an, da sie in ihren Alpen da sie (Mama) über und über in ihren Alpen, so etwas (etwa) wie Kirschen, ein Bann : ein Baum in einer rosa Farbe, EvS doziert über das Phänomen »Plüschtiere« ...... die Jahreszeiten schieben sich in einander, da waren diese Lilienfelder hinter dem Provinzbahnhof, war es in St. Pölten oder Tulln?, nein, aber duftete beglückend!

diese Bergluft in diesem Gäszchen, damals an der Holzbrücke in D., da wir uns zum Bächlein niederbeugten : hingeschmolzene Vögel, zeigtest du auf die Fische welche. Ach hinschnellende Fische deren Schuppenkleid ich meine riefest »Verspeisung«! und »Schmaus«! colourful RHEIN usw., mein Terminkalender lügt. Möchte *blättern!* in meinen Lieblingsbüchern! möchte trippeln durch Lieblingswald, er habe mich mit dem Werk Marc Chagall's vertraut gemacht, er habe mich durch die Luft geschwungen, wie BELLA.

Dasz der jg. Mond flimmerte, sage ich, mit einem Halo, sage ich, dieses Mündchen dieser winzige *Botero*, diese Schar v. PAPAGEI auf deiner Schulter (sie fragte »weshalb Papagei? wegen der Farben?«, »nein«, sage ich, »es ist nur das Wort!

das Wort Papagei!«) Mama malte mir einen göttlichen Papagei in mein Schulheft damals ...... vielleicht nur um ihre Liebe zur Malerei, ich meine, zu offenbaren, die Farben wie Blut überschwemmten alles, wie Botero!, eine Schar v. Papagei, ich sagte es sei nicht der Vogel gemeint sondern *das Wort!*, ich hatte mich in die Liebschaften seiner, Botero's, Bilder verliebt, ich hatte gegeistert : ein Geisterchen nach dem anderen (Tom Waits auf Plakaten in der Innenstadt, oder »Tom waits for you«, usw.), Schiller auf frz., das frz. Wort »joli« so liebreich, verfolgt es mich,

während ich lümmelte, in meinem Lotterbett und *einschlummerte* : 5 Sekunden einschlummerte, ich meine der Anblick dieser zerschmetterten, Schneerose, mir schien es blase der Wind meine unsterbliche (Seele)!, allerlei, damals, (der liebliche) Schulgarten, grünes Plissee etc.

26.4.18, er ist immer mit
einem *Letterchen*
gekommen ......

der grosze schwarze Vogel fliegt durch den Regen, der weisze Hase mit Kropf fliegt über die Gräser, Sakai Hōitsu, die Rehböcke husten der Kater weint! = in der japanischen Zunge,

...... maltest Tropfen ach Tupfen v. Frühling, siehe grüne, Schärpe v. Frühling damals in D., war ein Kind war ich ein Kind, im Sand ach im *Leiterwagen!* im Pfingstrosen-Rausch usw., Handvoll Heidelbeere, so, siehe, über die Lehne des Küchenstuhls, dieses violette, ich meine Himmelchen, bemalt mit Paradiesvögeln usw., die Nacht ist ein Fremdling weiszt du, liebe Titzi lieber Lavendel (Jalousie Madrid, ha!) tränenbleiches Madrid usw., ich habe einen Zorn in mir habe rauschende Zunge plissierte Wange, rauschend *und voller Kunst*, Sarah Kirsch, stehe vor dem Scherbenhaufen meines Lebens, »die
Frauen mit gelben Haaren« etwa Picasso, auf dem Küchentisch Pfingstrose und Hortensie, wie ECHO eines Atemzugs bist du, die wütende Klamotte der Klematis im Vorgarten des Anwesens in D., irgendetwas hört plötzlich auf (ein Briefwechsel z. B.), also verklärtes Veilchen Apostroph v. Katze, lasse alle Hoffnung fahren ...... eines Leberblümchen's Atemholen,

als ich dich vor ein paar Tagen um 3 Uhr früh aufweckte (im Gewitter) sprachst du wie eine Taube spricht. Er sagte es ist eine Liebesgeschichte, auf meiner rechten Seite bin ich voll Blut,

ach deine, kobaltblauen Flügel, du warst nämlich ein Vogel
und breitetest deine Flügel ......

(rittlings ins Grab),

6. 5.18, hatte ich brillant, in
der hinschmelzenden
Sonne. Und Linde W.
mich in ihr rotes Auto
zusteigen liesz! in
welchem wir mehr lagen
als saszen, ich trug
nämlich den Barhocker
damals in ihre
Sommerwohnung, WIE
JAGTE SIE!,

in einer Schachtel die extreme Träne, eines Hasenfells, so legendär es ist wie eine Sommernacht, biszchen Angelika in einem Garten, grenzenlos die welke Hortensienblüte im Glas, ich meine Zeisig in meinem Bett, die Krankenschwester legte ihren lg. Zopf auf mein Bett oder Bettstatt, die Nächte welche du mit deinem *Kehlchen!* DAS HELLE BLUT IN DEINEM KEHLCHEN, dasz es so still an diesem Abend war läszt mich an deinen Zopf auf meiner Bettstatt denken, mit deinen lg. Zöpfen werde ich mich strangulieren, die Wiese rot, eine Chimäre, ach will noch ein Blättchen schreiben womit nur habe ich dich betrübt, bin so um 13^{15} bei dir, bin so byzantinisch, um 13^{15} bei dir, ach diese grüne, Schärpe v. Frühling, du sprichst wie eine Taube spricht, in den Alleen haben wir dich wiedergefunden, damals in meinen frühen Jahren mit PAPA nach D., durch die Alleen, wie ein Hündchen und *Prinzipal*, klemmte mir die Hand im Wagenschlag, wie schrie ich auf, wie starrte Mama. Ich meine an der Loire zumeist an den Nasenflügeln ich die Perlen trug als ich da sasz am Ufer der Loire, irgendwas träumte mir irgendwas träumte mir nämlich was abstoszendes obwohl ich im Musensaal der ALBERTINA und die Musen mich grüszten, obwohl die Klamotten! der Klematis tiefblau nämlich das Hereinbrechen der Nacht im Garten v. Ischl, etc.,

ich wieselte nämlich wieselte war von Sinnen war eben von Sinnen, Wimpern-Flucht, hatte die Hand mir fast abgerissen im Wagenschlag wie ich kreischte, ich erinnere mich: er war so rauchend weinend (weiszgott!) ...... du warst verblüfft, du warst prophetisch, du wusztest, das Unglück würde hereinbrechen! das Unglück würde hereinbrechen über uns! (die Martha war mollig aber so vorteilhaft = mit einem Röckchen bekleidet, dasz wir, so blau sie bewunderten), ich setzte damals alles daran, mir ein frz. Bett anzuschaffen, erinnerst du dich das frz. Bett stand dann neben dem *feuerspeienden Ofen!*, frage mich insgeheim : was erträumte ich mir vom Gebrauch eines frz. Bettes,

nun ja, ich hatte mich in die blauen! *fransenden!* Blütenblätter einer KORNRADE verliebt, ich habe v. einem sehr kl. Grab (Kindergrab ?) geträumt mit glühend roten Blumen – obwohl es üblich ist, ein Kindergrab mit weiszen Blumen zu schmücken, *oder Geblüt*

8. 5. 18, ich sah wie er
ihren SCHÄDEL! mit
Küssen überschüttete,
nämlich, so klein nämlich
so lieblingsklein,

ich meine diese Myrrhen, lieber Lavendel = Phantasie v. Madrid, tränenbleiches : so klein nämlich *so lieblingsklein!* so Äderchen! so Lieblingsduft! als ob du (»eingerahmt«) mit einem dunklen Ästchen (vom Boden *aufgeklaubt!*) meine linke Augenbraue nachzeichnetest BETTELARM über dem linken Auge weiszt du, ich meine dasz eine dunkle Ähre meine linke Augenbraue nachstrichelte, indes die kl. bellenden, Glocken v. St. Thekla, wie es heiszt »die 15-Uhr-Glocken läuteten zur Beerdigung« (erklärte ihm wie ich schreibe : als ob ich eine Handvoll Murmeln, im Sand usw.), ich meine kl. lichtgrüne Gieszkanne mit spitzer Zunge!,

das eine Mal mit der grünen Gieszkanne im Garten v. D. in der Dämmerung des Abends : *schreiend* schreitend zwischen den Beeten SPRITZEND nämlich wie Augen SPRITZEND = Tränen SPRITZEND als Kind, das andere Mal als Novizin im Krankenhaus-Garten vor 2 Jahren, mit Häubchen des Frühabends, weiszt du,

diese Zierde v. Holzpantinen nein grauen Dolden v. Wolken *v. Botero*, ich sah im umbuschten! Wartezimmer des Zahnarzts weihevolles Geschwisterpaar, v. Botero abgemalt

solch kichernde Teigtaschen, sage ich,

heute früh etwas *lax!* aber glücklich weil Alban Berg's »Altenberg Liedern« gelauscht ...... ich meine Nachrichten : halbe Nachrichten aus Cadiz = halbes prähistorisches Werk siehe unten :

(»innig«, schreibt Robert Schumann »innig«,
......)

9. 5. 18, Alban Berg, 5
Orchesterlieder nach
Ansichtskartentexten
v. Peter Altenberg op. 4,
(über die Grenzen des All)

für Otto Breicha, etwa,

er hatte *angebändelt!* mit einem Bändchen sich angebändelt, er war dann angebändelt an ihre Lippe nicht wahr, und drehte sich alles um sein Seelenbändchen also war er Tag und Nacht an ihr Herz so MISTRAL angebändelt und sagte »hänge sehr an dir wie häng' ich sehr an dir«, er sagt »mein angebändelt' Herz mein blaues Herz ach trotzig' Herz ach blasses Herz ach *blindes* Herz!« : erkannte mich am Fusz an meines Fuszes Tritt und als die Sonne sank : *die Grünspan-Sonne sank!*

das kleinste Trödeln nämlich,

habe dich angekuckt! allerliebst angekuckt! wie Kuckuck, wie Botero! ach mit dir so ein schöner Tag, mit Wölkchen v. Botero, gebauschtes Geschwisterpaar! auf Sofa v. Botero, möchte ich in die Wiese laufen, mit Botero,

dies blaue Nadelkissen *lodernd*, so Marcel B., ein Verfahren der Romantik,

10.5.18. ich meine
»verquicken!« dasz ich
seit langem bestrebt bin in
meinem Werk
Avantgardismus und
Klassizismus zu
verquicken! ...... so
angetupft!
wie ich angetupft! ......
ich meine HANDRUTE!,
(so, über die Lehne des
Küchenstuhls), usw.,

gelenkiger Monat Mai, deine Briefe schelten über mich her, dies und das schelten sie über mich her, damals in D., Körbchen mit Kletten nämlich bewarfest mich nämlich, wild wie Buben, mich wild bewarfen dasz in den Locken dasz in meinen Locken die wilden Kletten ach Opiumesser ach Schleierkraut wie die Buben mich wild bewarfen wie ich mitternachts mich beugte über Balkon sah ich einer Schar v. Lieblingen : Lieblingen v. Sternen zu, so betäubend so betäubt eine Schar v. Lieblingen = Malern : de Chirico nämlich : seine Fuszglöckchen nämlich ...... sind die Sterne denn des Himmels PAGEN ? eines Himmels : eines Himmels *Malereien?* diese Spuren v. Sopranen? auf den Zehenspitzen bin ich unsichtbar, der Essensträger, heute kommt um 10, in einer Morgenstunde, Träne um Träne über meine Backe : enorme Backe, eines roten Apfels, das Schwalbenhaupt weint, du hast mir damals lange gewinkt du warst eine Schwalbe und hast mir lange mit deinen Flügeln gewinkt (ist's eine Schwalbenhochzeit ist's eine Liebelei ist's eine Tränenhochzeit ist's eine Liebesgeschichte?), es ist ein Zorn in mir eine Wehmut in mir

> so profund habe dich als Schwalbe über der Moldau gesehen lieber Doktor, hier die Knochen hier die Knospen meiner Fuszabdrücke aus welchen ich nicht ablesen kann OB GEBROCHEN ?

bin gebrochen an Leib und Seele, dein Patient, habe dich als *Rabe* über der Moldau gesehen! am frühen Morgen da die Fischer in den Booten. Im Regen im Regen die schielenden Fenster v. vis-à-vis, bin so angemalt, im verschneiten, Mai, im verschneiten Hag, ach Alpenrand! im verschneiten Mai (jedes Wort ein einziges Wundmal usw.), bist Gräslein hingebeugt, indes die Fluren, meiner Augen, wie der Frühling ist wie eine Mandoline wie die Leberblümchen unter den Gartenstühlen eigentlich wimmelten wie ich loderte, weiszt du, sage ich zu L. U. als wir in Tannwäldchen hockten, sahst du aus ja! sahst aus wie Gertrude Stein, so zurückgekämmt, als lebtest in Gäszchen (v. Sprache) ……

18. 5. 18, ich liesz
sie dann fallen weinend :
fallen! ich meine die
Narzissen : dann dort an
dem Waldrand. Endlich :
hatten endlich die Kleider
getauscht, wie als Kinder

ein Stück Würfelzucker unter den Küchenstuhl, *gefiebert!* oder gefegt! ach Dante Alighieri hält aufgeschlagenes Buch in seiner linken Hand hoch, ich meine Paillettengestirn! tatsächlich wollene Strümpfe : Inselchen hinreiszend klarer Gebüsche (deine Hände deine Hände : sie schläferten),

als hätte ich viel geträumt als hätte ich leuchtend geträumt entdecke ich in den Blutstropfen die du vergossest den Sonnenaufgang des 29. Mai, es geschah an einem Sommertag '94 dasz wir im Garten des Leo Navratil saszen, schöne Strohhüte trugen um uns vor der Sonne zu schützen (unsere Ohren jedoch), lasen einander aus Houellebecq's Schriften vor indes Dante Alighieri sich anbot die Blumensträusze die wir im Garten aufgelesen hatten (nachdem der Rasenmäher sie zu Tode. Geschleift hatte), zu mir nach Hause zu bringen. Es waren aber in den Blumensträuszen viele kl. Singvögel versteckt welche ich erst an ihrem zarten Gesang erkannt hatte), nämlich hatten sich die Schatten der Blumen zu Tode. Geflügelt.

Ich meine, das Modewort »nature-writing«,

29.5.18, I'll charm the air
= ich werde die Lüfte
schwärmen ......
ach es waren wohl
Geschosze in den
duftenden Lindenbäumen,

Geistesstörung am 2. Juni 2018, rüsselte am frühen Morgen zimmerte, diese meine vielgeliebte Sprache, weiszt du, Schneefall im Juni, etwa ein Himmel-Verbluten, eine Sibylle, weiszt du, eine Stille, hatte Epi-Attacke, Raserei, hatte Augengefühle, liebte Rameau, ich habe so paar Blumen aufgezeichnet : so paar Blümchen totgeschwiegen ...... ist auch ein Flockenwald im Juni, Egon Schiele's »stehendes Mädchen mit erhobenen Händen« und Pluderhose, ach rosa Pratze : Orchideen im Wald, *den ich hüpfend!*, damals in Rohrmoos, kauerten wir im Waldschatten v. Rehen, solch Bienenverkehr usw.,

dieses emsige Deutschfieber : deutsches Fieber = »German Fever« des Samuel Beckett nämlich nach langem tiefen Schlaf oder Strand. Von Träumen. Du sagst wie dieses Jahr geschwind vergangen sei : von Almzeit zu Almzeit, B. H., als ich aufwachte war der Himmel verhüllt mit grauen, Tüchern und paar Bienen brummten am Fenster, manchmal diese Tiere *benommen* (mit Stiefelschäften) als hätten sie sich *getunkt* in den Frühsommer, welcher mit raffinierter Wolke etc., mit Biene und Brise am Fenster, weh mir! ich meine es war märchenhaft! und dasz die Sprache VERWUNSCHEN war, in dieser stocksteifen Gesellschaft v. Bienen, weiszt du, »eine Schere (in den Socken)« im Nachlasz, hassenswert am Morgen irgendwelchen Verpflichtungen nachgehen zu müssen,

dieser Comfort eines Klaus Reichert, sage ich, eine alte Biene am Fenster : vor dem Zusammenbruch! ich meine alternative

Biene, eine Collage v. Ärzten im Evangelischen Krankenhaus, wanderten nun ja in der *Einschicht* der weiszen Lilien, baumlange Studien, nämlich, hatte 3 Wochen eine Schreibblockade über die ich tatsächlich in Tränen ausbrach, immer wenn ich an dem Wäldchen der Hamburgerstrasze vorbeikam erinnerte ich mich an eine Aufführung eines Beckett-Stückes in der Werkstatt des dortigen Avantgarde-Theaters, gegen Abend ein Zitronenfalter am Fenster, sehr delikat, ich lege dir mein Herz zu Füszen,

30.5.18, *in der Einschicht,*
des roten Rhabarber,

»hast wirklich gezündelt! für Peter Enzinger, und Georg Bernsteiner ......«

der Wandteppich den meine Mutter mit ihren bloszen blutenden, Füszen gewebt : Drachen und Menschengesichter v. Löwen, Hydranten indes, Vater sagte komm wir sehen den Zeppelin an, eines nachts und risz er mich aus dem Bett : über unseren Häuptern ein Zeppelin es war vermutlich ein *Wolken-Sport* usw., der Havelok eines Winters im Fenster ich meine Havelok eines Winters. Mit blauen Ringen : Augenringen, im Fenster, Elite des Neujahrs,

das hinein jammern, sagst du weil das hat sich auf einem Stuhl niedergelassen

hocke am Morgen auf der Bettkante abgewandt von der Sonne : eine : ein wenig, Harfe, im Ohr, Multiples im Vorgarten des Café Sperl Georg Bernsteiner's Augenbraue = schützendes Dach : über weinendem Auge, mir schwant etwas mir schwebt etwas vor ich stehe mit dem Rücken zur Wand, es war vermutlich ein *Wolken-Sport*, usw.,

31.5.18, Man Ray =
»bemaltes Bügeleisen
und Nägel«
15,3×9×11,4 cm
(Cadeau),

hast wirklich gegängelt hast mich gegängelt, darin *die Mädels* grosz und verloren ein weiszes Rosenparterre zu Füszen = Jean Paul, blauer und grüner Mantel wie Gräslein *gekauert* auf Küchenstuhl, kariert mit Wäldchen und Wald ach mit Winden : Äolsharfe ja jährlich, Äolsharfe v. Sturm mächtige Harfe im Fenster v. gegenüber wir werden verbrennen! riesige Äolsharfe v. Sturm im Fenster, ich meine im Musensaal der Albertina : der süsze Rohling v. GAIA deren Name eingraviert, musz noch ein wenig schlafen …… wie die Raben im Schlaf, stelzen meine Gedichte an dir vorüber,

die Siedlungen kollern die Hänge abwärts, es dämmerte schon ich risz das Vorsatzblatt eines, Katalogs herunter um darauf zu kritzeln deftige Sache (Rascheln der Mäuse bei Nacht usw.), *Sippschaft* in deinem Schädel. Horváth's Tod durch Herabstürzen = Tobsüchte eines Baumes, lesen verlesen : wir dichten indem wir uns verlesen, schiebst den Haarreifen an Schädelchen, wie Halo!, Hitze allzu massiv hast den Haarreifen *gepflanzt* wie Halo, ans Schädelchen usw.,

ach die Geschwister dieses Gebüsches : Ästchen deiner Brüder und Schwestern, ich meine das Nachvollziehen der Empfindungen : meiner Empfindungen während eines Spazierens im Augarten, *in einer Loge v. Sonne*,

2.6.18, dieses pochende
Wort KAPUZE war untergetaucht heute früh,
wie Herz,

er drückte vielmehr
einen, Stempel
auf meine
Lippen dasz
ich sie nie
mehr öffnen (wollte).

nun ja : ein sehr kurzes Mäntelchen aus Kunstpelz (das Pelzchen v. Rubens) erstanden, hinter Eibenhecke!, Hélène Fourment = schamhafte Venus, etc., es würde Äffchen schneien!, um himmelswillen das kl. Tintenfasz mit seinem Kragen aus blauer Tinte (ich meine aperto), es musz ein Jahr vorübergegangen sein dasz du saszest in meinem Quartier, da nestelte blonde Sonne in deinem Haar, Picasso nannte sein Bild »Frau mit gelbem Haar«, Uterus durchkreuzt = nicht mehr verfügbar, violetter Lippenwulst blonde Perücke, gerougete Brüste ...... eine angebissene nachts angebissene Herzkirsche, usw.

ein Schalk v.3 grünen Zehen eine Tonart v. Küche, ach azur : azurro! so fuhren wir damals mit dem Zug ans Adriatische Meer also blitzte das Meer durch die sanfte Landschaft, kann in der Luft schlafen,

zarte Zote!

nach : Stefan Fabi »nackt«

15.7.18

auf dem Schienenweg damals mit Mutter, sommers in Winterbach …… wessen Frau hiesz Amalia und auf wessen leblosen Brustkorb sasz das Hündchen (Pauli) und aufmerksam?, wir verankerten Gosau's See = Groszmutter's Kropf = digitalen Kropf, azur azurro Fragment einer Schottengasse, Talente oder Forellen. Sieh doch : Muttermal auf Bettdecke oder tiefschwarzer Tintenkleks auf Bettdecke, Gänsefüszchen nämlich Bad Ischl, inmitten v. Blumenbeeten (»nature-writing« im Kurpark, auf meinem Schosz die heutige Post usw., von »casette« schrieb einst EJ : meinte uterus, Farbwechsel : Temperaturwechsel meiner Sprache wenn ich sie anglifiziere, nicht wahr, kl. Springbrunnen : meine Tränen wenn ich bedenke : glorreicher Sommer '18 : vielleicht letzter Sommer, Fäulnis letzten Endes, Fäulnis,

als er mir die 5. Mahler, begann ich zu weinen, aber er sagte : »nicht weinen!«, der Dichter Stolterfoht stiehlt mir 2 Verszeilen. Sommers in Bad Ischl in des Laubes …… (Malerei))

im Dentalsommer. Schimmerte Quelle, Hydrant. Es gab nur 2 Taxis im Ort, so dasz ich nicht wuszte : *ein Sprachmangel!*, ob es eher Kolibri oder Constanze hiesz, es ist ein Unstern über der Stadt, in Papa's Sekretär = Francis Ponge : in Papa's Kabinett innige Familienfotos angebracht. Er hatte mich in der Küche besucht, und ich zeigte ihm einige Raben auf dem Dach gegenüber, Maria Lassnig's Eiserner Vorhang »Frühstück mit Ohr« = dünne und dicke Textur als nebeneinander v. Cluster und Konstellation,

»Mozart an der Orgel an Ybbs« Gemälde v. Heinrich Lossow um 1864, hier der Text zum geplanten Buch »im Anfang war der Blick« ausgedruckt für dich mit einigen Bemerkungen zur langsamen Bewegung …… habe Alfred K. in Graz getroffen, hat von geplanten Lichtmesz-Treffen nichts gewuszt, usw., eine Kindheitserinnerung von Leonardo da Vinci …… : ein Spatz in der Tüte ein Spatz auf dem Küchenboden, ein Linolschnitt zeigt *Tasse mit dreierlei Dämpfen, weiszt du*, dasz man sogleich die Hitze WEGBLASEN will, ich war vernarrt in. Den Draschepark auch in den Waldmüllerpark, die Kinderseele wie der sanfte Wind die Gräser umhalste dasz sie sich tief verneigten, ach

diese Tonart v. Wäsche, es geschieht des öfteren dasz der Todestag mit dem Tag der Geburt zusammenfällt …… dein Sturzhelm eingepflanzt in deinen Schädel = ein süszer Rohling! (im Musensaal der ALBERTINA, wo wir saszen) im Halbschlaf : Waldschlaf : Groszvater's Waldschlaf (da ich schnüffelte!)

Baustelle Hirn!

26. 7. 18, *ach wie* die *Welt brennt* ……

dieses Besuches Laub in deinem Garten. Streichelte seine Wange, etwa. Dürer's Wange. Etwa, Brüderchen in Gold. Nachts aber während *Blutmondes* Pracht fing er zu sterben an, wir weinten bitterlich. Des Grabe's Steine Schienenweg. Wo bist du hin? Solch blauer Blumentod …… *wir lieben dich*,

für EvS zum 62. Geburtstag

29.7.18

im Kabinett des Wundarztes oder bemooste Berglandschaft = Barbara Frischmuth = welche mich anruft und sagt sie habe unter Tränen. Ich meine sie habe unter Tränen die *Synkopen* in meinen jüngsten Büchern ans Herz gedrückt, also habe auch ich. Das Meer v. Erbauungen : das Gras der Wipfel der Linden bewundert : ich trat ans offene Fenster des Kabinetts und grüszte die Eibe welche sich in die Ecke des Gartenhofs, gedrückt hatte. Im Taumel der Eibe, sagst du, dasz es das erste war, das dir in diesem Kabinett auffiel usw., indes das Aquarium das schattige schlummernde. Hans Ulrich Obrist bat mich um einen halben Satz : dieser lautete »des Laubes Tugend«, ich hatte nicht begriffen dasz die Schwalben an diesem 2. August verschwunden waren – früher als in den vergangenen Sommern ...... Goya, Eibe und eine Allee v. Ginkgobäumen, sagst du,

> ich werde nicht vergessen dasz wir im Gastgarten v. Bad Ischl *neben dem leuchtenden* Busch saszen und dem Hüpfen und Jubeln der Sperlinge *in dem leuchtenden* Busch lauschten,

in einem Halbschlaf, sage ich, sehe ich jene Zeile vor mir die ich schreiben werde, *es war am 19. Juli ein BLUTMOND*,

8.8.18

in solchem Pflaumenhain ach! in solchem Pflaumenhain wie sie im Schatten solchen Pflaumenhains saszen und tranken. Von bemalten Tellern aszen (immer Buch mitnehmen für DAME, etc.)

wir schreiben den 11. August 2018, tropische Temperatur in einem Köfferchen, pelzverbrämte Winterhaube du sagst »der SNEE!«, ich meine hätte ich diesen Morgen als Lied singen wollen (verwechselte ich die Personen : dich und dich, dir mit dir, du und du!) ...... hätte man mich Malerei gelehrt : Jacob van Ruisdael z.B. »view of Haarlem with *bleaching* grounds« = »die Bleichen bei Haarlem« nämlich an jenem Morgen : Hand in Hand vor so vielen Jahren, also vertauscht hätte die Muse der Töne mit der Muse der Farben : wie der Bach rauschte neben unseren Schritten,

vermutlich rauscht er auch heute noch nach so vielen Jahren und vermutlich / immer noch sind dort die Morgen *blasz, ich meine Wally.*

Damals in jenem Perlmuttsommer noch ein wenig blasz war der Morgen ich meine tränenblasz = die Tränen waren Tränen des Glücks, wir waren jung und *lieblich* es war nämlich ein sehr früher Morgen in R., dasz wir wanderten und der Bach rauschte neben unseren Schritten ......

die Heckenrose welche Mutter sehr liebte : *schöne Synkope!* schöne Äskulapnatter =

blaues Äderchen im inneren Handgelenk da
wo Mutter sich zu töten versuchte,

11.8.18, *für EJ*

»ach was!«, so Beckett, träumte das Wort »Gurgel«, träumte »ärztliche Schweigepflicht«, träumte »Paillettenwinter«, »bemoostes Parkett«, Augusthitze in D., aber am frühen Morgen deine kalte Wange ich meine Marmortischchen im Vorgarten ...... musz ein biszchen schlafen wie die Raben im Schlaf, STELZEN meine Gedichte an dir vorüber wie in der Ferne (im Sommer) die Siedlungen abwärts kollern (kariert) mit Wäldchen und Winden die Gräslein zu Füszen, heute nacht üppige Träume (ausladend) in üppigen Farben, ertrinkende Eibe wie grün! zu welcher Stunde, unter welchem *Häubchen* kam mir der Dichter Robert Walser altmodisch vor oder wie Gegenstände auf einem alten Möbelstück usw., er fiel dann in einen Schnee in eine Wächte v. Schnee aus welcher er sich nicht mehr erhob, indes die Grünspan-Sonne. Wir verbrennen hier, heute 37°, ach deine Marmorwange nachts deine Marmorwange (v. Ponge) ...... sie beherrschte das Französische = Elisabeth B., sie sagte »dein Manuskript ist nicht v. Pappe!«, ich besuchte sie in ihrer fürstlichen Wohnung erste Etage (über knarrende Holztreppe),

> wir kennen uns schon so lange wir kennen uns schon so viele Jahre, dasz du in meinem Leben umhergehst wie an einem vertrauten Ort, weiszt du,

Augenhitze in D., Augusthitze in D., im Halbschlaf im Waldschlaf mein Urgroszvater im Waldschlaf, seine vom Regen durchnäszte Mütze!, auf dem Küchentisch!, eine angebissene nachts angebissene Herzkirsche ...... stand rechter Hand : *perlend!* die Muse Gaia, den Haarreifen eingepflanzt wie süszen Rohling! in deinen Schädel ich meine im Musensaal der ALBERTINA wo wir saszen, etc.

dieses Sacktuch als es ihm aus der Rocktasche schlüpfte mein Gott sasz er : sasz unter der Tanne = Tännchen indes in der Ferne der Attersee!, sehr platonisch, rufe ich, *Büschel Tränen*, war vernarrt in.

15.8.18, ich meine blutete
der Himmel um 5 Uhr früh,
(seit Wochen die glühend
heiszen Nachmittage im
Garten des Café Sperl
verbracht, geknülltes
Papier, etwa),

dieser Unterbusch diese Fotografie diese Bergluft in diesem Gäszchen ...... auf dieser Fotografie hatte ich die Ehre, vor einer BUNTEN Tapete zu stehen : im Profil hinter dir zu stehen indes du mit leicht gesenktem Kopf und mit auf dem Rükken verschränkten Armen ich glaube abwägend oder nachdenklich nämlich einer Strophe nachsinnend : nämlich jener Strophe nachsinnend welche du für Hans Mayer notiertetest : in welcher du seinem Scheitel mit der Schneiderschere (meterweise) geschoren, ich erinnere mich, zu Hans Mayer's 90. Geburtstag etc.,

da er, Hans Mayer, während einer Konferenz sich erhob und ans offene Fenster trat, ehe er, zurückkehrend,

ich mich fragte was der Grund gewesen sein mochte warum er diese Wendung zum offenen Fenster,

was mich ablenkte dem Vortragenden weiter zuzuhören,

ach Gräslein gekauert auf Küchenstuhl, usw.

ich habe 2 Texte von Ilse Helbich gelesen und Tränen vergossen, vielleicht waren die Texte aus einem *Zwischenreich*, sage ich oder sie erinnerten mich an Magritte's Geheimnisse, ich meine *über die Nelke!* ich sasz da in dem Zwischenreich (vor der Maschine) ach ein Schwindel erfaszte mich, nun ja : ein sehr kurzes

Mäntelchen aus KUNSTSPRACHE (»das Pelzchen v. Rubens«), love and glory, »hast du zur Reichsbrücke eine CONNECTION?«

29.8.18

grenzenloses Quellchen du, fieberhaftes Morgenrot du ...... du sagst mir dasz du am Morgen gern sinnierst, wie seltsam dasz ich vor Jahren eine Vision. Ich las das BIENENKIND v. Marcel Beyer.

Die fremde Frau kam auf mich zu und sagte, ich wohne jetzt in Ihrer Wohnung nämlich in jener Wohnung in welcher Sie in Ihrer Kindheit (mit Ihren Eltern) gewohnt haben, als die fremde Frau mir diese Offenbarung, *begann ich bald zu zittern*, indes die SPATZEN *unbeschuht* ...... sagtest du »ein BÜSCHEL TRÄNEN«, sagte ich »Wedding / Berlin« (was Hochzeit bedeutet), sagtest du »mit 2 Schnabelschuhen«, sagte ich »mit Akkord und Schnalle«, sagtest du »ein Fäszchen Betäubung«, sagte ich »habe vom laufen geträumt!«, was den EISERNEN VORHANG des Winters angeht, sage ich, schrieb Maria Lassnig »Frühstück mit Ohr«, usw.,

eine *Fuszangel* = wie angel = Engel = also das Wort welches ich während meines 7-stündigen Schlafes, ausgebrütet hatte, war etwas Einzigartiges denn ich zitterte auf den Waldweg indes ein Waldvögelchen gegen meine Stirn flatterte oder wetterleuchtete, ich meine dasz ich mit dem Wort ARKADIEN aufwache *ein andermal* mit dem Wort Lettrismus, ich meine wie sehr würden die beiden Nachbarinnen wenn sie aus den Ferien zurückkehrten, erstaunt sein wenn sie das riesige purpurrote ANGEBINDE! vor ihrer Wohnungstür vorfinden würden. Ich zappelte über den Fliesenboden indes in meiner Faust *immerdar* meine vergossenen, Tränen, überhand nahmen, nämlich mich *beschlichen*, ach! wie es mich *beschlich!* (kürzlich : als Kind), es beschlichen mich undefinierte Ängste,

Martha Jungwirth schreibt »Himmelsvater als Eiserner Vorhang«, als Wally's Schatten im Wald usw., mein Geschwisterchen : die vom Regen durchnäszte Mütze! : erregte meine Gefühle,

mit Biene und Brise, am Fenster, weh mir : in dieser Gesellschaft v. Bienen weiszt du, nämlich nach langem tiefen Schlaf oder Strand oder Strauch, immer wieder entfällt mir das Wort »Rhabarber« – aber die Storchenfüsze vor mir,

1.9.18, schlanke,
Rosengärten manchmal,
benommen ...... in der
EINSCHICHT der Lilien,

verwehte Blume im Glas daneben Christbaum noch geschmückt vom vergangenen Fest usw., aber wir schreiben den September '18, dein bravouröses Erwachen, dein Erhitztsein, im Leib wie Blut oder Wangenrot, bist Glyzinien Traube : Taube hängst v. Balkonen damals Bad Ischl Hotel gold. Schiff nämlich *Tonnen v. Eltern*,

eine Hutsche Hutsche auch Schaukel genannt, *schreibe Proeme*, bist Reformer bist blaues Hundsveilchen hast an die Brust gedrückt dein Schicksal : ein Gestell aus Holz auf der Strasze zum draufsitzen mit Kehlchen im Freien!, dann internet-Garten mit halbnackter LESENDER im Rasen was mich an einen Monet ich meine Huflattichwäldchen erinnert verirrte mich dorthin : mein Auge dorthin, bist irre? träumt mir immer vom laufen, ach *Schlünde v. Eltern*, Wollmütze im Regal, wie die Tränen ach wie unsere Tränen UNS ERGÖTZEN

des Waldes Blumen! ein zerriebenes Nuszblatt wie's duftet! schlief auf dem Küchenstuhl ein, fiel mir der Stift aus der Hand …….. mit Biene und Brise am Fenster, weh mir! ich meine es war SAGENHAFT und dasz die Sprache eine verwunschene war,

wie baumelte Sprache!

diese Zehen wie Klaviatur! welche ich niederdrücke welche ich klimpere, *Klimperkasten!* so Mama, sie bringt mir einen Deleuze : eine Anbetung, Rucksäcke im Wind, sage ich, du hast sogar dort ein Fliederchen gesehen wo kein Fliederchen war, ach Flanke des Himmels, Kolosse sprieszender Berge, sage ich, sinnend betrachtend durch Fluren hetzend, Löwenzahn und Rosetten köpfend, »an mein geliebtes Geistlein,«

meine Arme und Hände schleifen am Boden nach, wenn ich laufe,

Vögel die mit dem Schnabel ans Fenster, klopfen, meine Empathie weiszt du für rosa Ballon v. Hortensie, ins tiefe Tal nämlich unsere Blicke da wir Hand in Hand vom Hügelland aus,

21.9.18, als ich
aufwachte war der
Himmel verhüllt und paar
Bienen,

er war wie weggefegt, habe viele Wochen nichts von ihm gehört und gesehen indes ich *knöcheltief* in der Verwüstung was war geschehen ...... ich weisz nicht mehr wie Freund Christof aussieht als ich lange im Krankenhaus lag wuszte ich nicht mehr wie meine Wohnung aussah als der Sommer vorüber war suchte ich den Himmel nach den *heimgeflogenen* Schwalben ab als ich aufwachte war der Himmel verhüllt, mit Biene und Brise am Fenster weh mir! immer wieder entfällt mir das Wort RHABARBER aber die Storchenfüsze des Rhabarber waren rot. Damals als ich meine Hand in die bocca della verità legte obwohl ich fürchtete dasz sie mir abgebissen würde, erinnerte ich mich an die in die Tiefe hängenden Glyzinien,

> bist blaue Glyzinie bist Hundsveilchen bist kl. Gestell bist Kehlchen im Freien hängst v. Balkonen Bad Ischl Hotel gold. Schiff nämlich Tonnen v. Eltern, immer träumt mir vom laufen,

damals sie standen am offenen Korridorfenster des Krankenhauses mit dem Neugeborenen im Arm und Mama küszte die winzige Hand des Kindes und lächelte, auf dem Küchentisch ein enzianblaues Etwas ...... auf dem Foto Sophie, 3, mit Bubenfrisur im Schwimmbad,

> in seinem Wald mich verlierend rätselte ich über Max Ernst's »Forst und Taube«, Halbschuh gefunden möchte so gern in den Wald usw., FUCK ART / ein Büschel Tränen, auf dem Küchentisch nämlich, eine Meissener Bulldogge! meine Zeit ist vorüber mein Auge am Morgen verklebt : da setzt sich auf einmal etwas fest in meinem Kopf es ist auf einmal etwas aufgetaucht was es vorher nie gegeben hatte, tiefdunkler

Morgen es hatte geregnet, auf dem Leintuch ein rosa
Abdruck deines Munds, mein Adonisröschen, etc.,

wie die weiszen Tupfen vom Himmel taumeln! wer hat denn angeklopft? als ob jemand ans Fenster klopfte wer hatte mich aufgeweckt vielleicht hatte ein Vogel ans Fenster geklopft und mich aus dem Schlaf, ich hatte sie ins Herz geschlossen aber seit ein paar Stunden, *war sie mir ohnegleichen*, vielleicht eine corona oder der Anfang einer neuen Jahreszeit (Winter etwa), im rosa Abendhimmel ein LUCIFER,

3.10.18, sie habe einen
Alterszucker,

die Belehrung : Erleuchtung des Wangenrot's ...... im Wartezimmer : am Fenster des Wartezimmers des Arztes stehend, sagte ich, nämlich, die Eibe betrachtend welche sich in den Innenhof gedrückt hatte, sagte ich, eine Bekehrung nämlich Erleuchtung des Dichters : des Sommers indes die sprichwörtliche Stummheit der bunten Zierfische im Aquarium ich meine, unhörbares Orchester etc., in der hintersten Ecke des Wartezimmers *also Firmieren* eines glühenden Sommertags an welchem wir in einem Straszencafé : oder im Gartenhof eines Hauses in welchem eine halbnackte Frau unter Huflattichblättern!, sagte ich, sasz, welches grüne Gemälde mich an MONET erinnerte, etwa spiegelgleiche Erscheinung, sagte ich, indes die halbnackte Frau sich auf dem Gemälde spiegelte, sagte ich,

> vielmehr am Fenster des Wartezimmers lehnend und eine an die Wand des Innenhofs gedrückte Eibe bewundernd, ein langweilendes Aquarium in der hintersten Ecke des Wartezimmers in dem die bunten Zierfische stillstanden, betrachtend, träumte mir von Milliarden. Von kl. Fischen in der Tiefe des Adriatischen Meeres welche mit ihren halboffenen Mündern an den Gliedmaszen der Tauchenden sogen, sagte ich, *solche Leckerbissen v. Zehen*, nicht wahr,

hatte er an Gesicht nämlich Gewicht eingebüszt?, sah er wie ein zarter Knabe (aus), mit ergrauten Haaren, sagte ich, ein Nachsommermorgen wie ein Maiskolben, weiszt du, es hatte sich etwas verschoben, sagte ich, in meinem Kopf, sagte ich, hatte sich etwas verschoben das intime Höschen hatte sich etwas verschoben, sagte sie, an einem solchen Tage kann man doch nicht zu Grabe getragen werden : ein Tag wie ein Maiskolben mit bananenförmigem Mond, sage ich, Avantgarde, sage ich, zerrissene Tulpe, sage ich, zerzauste Nacht, auf einer Fotografie der Dichter mit einem Strausz VERWELKTER Blumen welche man ihm nach der Lesung etc.,

man fragte mich ob ich Heiner Müller gekannt, hatte, ja sagte ich, in der U-Bahn (eines Tages), einmal half ich ihm in den Mantel um ihm eine Ehre, zu erweisen er schrie aber *»ich werde es nie vergessen!«*,

5.10.18, felsenfest, sagte er, ein Küchenallegretto!,

Hommage an Antoni Tàpies, bist du ein Kammermaler hast zerrissene *Tatzen* ich meine als Robert H. mir plötzlich im Weg stand, erblickte ich ihn als Figur in einem frz. Film …… am anderen Tag sah ich einen jg. Wolfshund welcher GEDUCKT unter einem Sessel im Freien lag und ich seine gr. Nähe verspürte da er mich betrachtete, Antoni Tàpies: »in Form eines Sessels«, »weisz in Form eines Kreuzes«, Rüschen v. Wald, »2 Füsze«, ich meine als wir da saszen, auf dem zarten Balkon der Wassermannvilla, während eines Gewitters, du trugst einen schwarzen Hut, balsamisch, aufblitzen unserer Augen im Speisesaal des Hotel Erzherzog Johann, der Sonne Bluten und Blinken, Leinsamen in meine *Gucklöcher* gestreut, »das Hüten des Ochsen«, »Kopfteil eines Bettes mit Stoff«, »Malerei mit Kopfenden v. Betten«, Shitao : »2 Männer auf einem Felsen an einem Flusz sitzend« 1695, die Tannenbäume *abwärts* = in Täler wachsend,

nun ja die Zimmerpalme hat braune Blätter : Fächer in braun = mit der Schere hast du sie nachts abgezwickt, wie oft ihre Stacheln meine Hand gestochen! wer sprach von den *rotbackigen! rothaarigen Früchten*, im linken Tennisschuh eine Kastanie,

immerzu diese Schatten von vorüberfliegenden Vogelschwingen ach wie es mich erschreckt, ach mein Müsziggang, ach das Institut der kl. Vipern, sagt sie, wo bestenfalls. Unsere Liebschaft begann, usw., »Wotan's Schwindel« (ist ein plaisir?), ich meine dein Fusz deine Füsze dasz ich sie küssen möchte, »Carré rouge«, 1976, Aquatinta-Radierung, Stempelung, 63×90 cm, ach Wallfahrt des Schlafes ach leergefegte Amsel NY, ach Waldes Blumen, ein zerriebenes Nuszblatt ...... ganz behutsam, öffnete ich am Morgen meine Augen und hielt sie etwa, mit Stäbchen offen indes Feengestalt aus Wachs mit spitzen Brüsten einer kl. Schachtel *entfuhr* usw., was hält Antoni Tàpies

in seinen Armen? einen Panther ein Album ein Kaninchen eine Asymmetrie eine Hügelkette? ich erinnere mich dasz du aufsprangst eines nachts aus unserem Bett und den Wasserhahn der getropft, hatte etwa arabisch (mit einem Lorbeerblatt) abgedreht hast, Cy Twombly »Delian Ode« = Gestrüpp v. Kritzelei, weibl. Brust mit Brustwarze (durchgestrichen),

11.10.18, im Unschlaf :
kleckst Haarsträhne über
linkes Ohr, etc.

.... ✂ .... = eine ganz kl. Schere auf einem Papier, war unsicher aus welcher Richtung die Glockentöne an meine Ohren, »die Nuller. Jahre« (Marcel Beyer),

warum bist du so ein fein's Liebchen, zu mir? vermutlich weil ich bald sterben musz, o.k., rot gefleckte Henkeltasse wie lackierte Nägel, was mich zum Tränenvergieszen. Wir saszen im Musensaal = ALBERTINA!, oder damals auf dem Cobenzl und blickten auf die Stadt hinunter welche im Sonnenschein ich meine Silberglanz lag, usw., *dieser Strasz* v. Wien, indes im Stiegenhaus mir der Freund entgegenkam dasz wir uns küszten,

damals mit Klaus R. in Venedig : ich über die *Pfützen hüpfte* und du mir enthülltest = habest radgeschlagen auf den Brükken,

möchte Philipp wiedersehen der in einer WG ...... als er klein war seine Hände, in Donnerbrunnen tauchend dasz sie sauber genug seien, mich zu begrüszen,

Gefühle v. Eibe nämlich, Schnürschuh v. Stein, gefunden am Adriatischen Meer, Schnabelschuh. Vermutlich hatte sie was, getrunken, sagst du, ach Variationen über ein LEIDWESEN ...... o du mein Engadin! wie v. Schnee deine Engel! dieser frische Schnee = dieser Ablasz v. Winter,

wie man das Ungenügen v. Satz durchstreicht, Mama haszte das Kartenspiel, Leberblümchen hangauf ich meine über die Wiese *treppensteigend!*

Antoni Tàpies »Schere in Kreis«, »ein inklinieren des Buchstabens T«. Dieses ewige Fiebern, mit Kropf, über Wintergräser : Hase mit Kropf, fliegend, Sakai Hōitsu »Autumn grasses and rabbit«, grüne Leine v. Pflanzenschrift, usw., bist sehr vermummt : Spitzen-Geheimnis. Raubvogel mit linker Kralle an Brust gepreszt, Raubvogel greift Rose mit rechter Kralle,

»wie hat der Maler geheiszen zu dessen Begräbnis du gingst obwohl, du ihn nicht gekannt,«

13.10.18, kl. Spinne brich
mir das Herz!

weh mir immer suche ich in den Träumen nach dir immer gehst du mir in den Träumen verloren weh mir immer die Nächte zu lang aber die Tage zu kurz damals mit Mama im Garten v. D. blumenumbuschtes Gartenhaus usw., ein *Fensterlumpen!* weh mir wie subversiv dieser Frühling Stilleben mit Efeu = Matisse, Modell trägt Helm, Brüste wie Äpfelchen ...... ein Winterling, sagst du, bald Winterling aber, immer noch warme Nachmittage sitzen wir mit dem Winde. An die Hausmauer gepreszt usw., sodann aufgeflogen : mit dem Wind aufgeflogen unter Tränen nämlich die welken Büsche, ich meine ich sage zu Stefan Fabi erinnerst du dich wie die Stürme *sausten* als du mich letzten April, besuchtest du saszest am Fenster als die Sonne in deinen Haaren, *sauste*, deine gelben Haare ein Nest in welchem die Sonne, *sauste*,

im letzten April brüllten wir, mit den Stürmen den stürmenden Tannen. Deren Fittiche. »Matèria colze« des Antoni Tàpies : »verwüsteter Arm mit süszen Bandagen«,

Glaskugeln in welcher ein BAMBI! Nachtkleidchen ein zerbrochenes Vogelnest, auf dem Nachttisch eine Kunstkarte v. Antoni Tàpies es ist ein Geheimnis, sage ich, ein Blutstropfen auf der Bettdecke,

...... Gosausee's Gefieder wie verankert wir sind in einander, deine kl. purpurrote Zunge, auf dem Küchenboden, eine Parabel auf dem Küchentisch : da lag dieses Wort auf dem Küchentisch, mit einer Tinte schwarzen Tinte / Tusche auf der Bettdecke, am Morgen, die weiszen Wolken der Bettdecke auch Spuren

v. rot : 2 rote Vögel also Spuren v. roten Vögeln oder rotem Filz oder Blut usw.,

»was für *Schwarzkünstler* die Nächte sind!«, sage ich, knospende Giottobäume, jetzt, bin ich erschöpft

19.10.18

ins Geäug, sage ich, ins blaue Geäug, meine winzige Hand umklammert die Hand der Groszmutter ...... sie habe mich im Winter '27 auf eine Bank im Rubenspark gehoben ich wuszte noch nichts von Rubens' »Pelzchen« (obwohl, Groszmutter's Pelzmanschette!) die weiszen Perlen / Blüten des Winters man hat mir damals nicht die Ohrläppchen durchbohrt, habe eine weisze Pelzmütze getragen, sage ich, hatte ich etwa ein biszchen, ein biszchen geschielt?, du sagst, alle kl. Kinder schielen ein biszchen, sagst du, in der folgenden Nacht als Perle / Pate / Patenkind, eben als Perle am Himmel hing wuszte ich nicht, wuszte noch nicht die weiszen Birken im Park, es war im Winter '27, *wer hatte uns fotografiert?*

es hatte mir / es mundete mir, gestern abend eine lauwarme Kartoffel mit Schale, sehr, die Tränen nämlich, die Tränen die Perlenkette der Tränen,

19.10.18, Zierde des
Winters ('27)

die 4 Lebensalter (inmitten Vogelnatur) : nach Stefan Fabi :

Lorenzo Lotto ? am Morgen sah ich im Fenster paar Aquarelle v. Wolken welche ich, anfassen wollte : waren ein lichtblauer Schrei usw., sie bewegten sich v. West nach Ost ich meine ein Schäufchen Wolke wie damals als man dich wegen deiner Gebrechlichkeit über die Schneewächten hievte (sollte man es etwa »Speise v. Winternatur«, nennen?, ach auf dem Leintuch ein rosa Mündchen ......)

Klima's Erregung, sagst du, ich klammerte mich wie Charlie Chaplin an den Stundenzeiger der Würfeluhr, um die Uhr-Zeit anzuhalten da sie dahinhauchte diese Zeit-Hure, usw., wie die Zeit zappelte : einer schneebedeckten Alpe : Alb nämlich um Mitternacht : Albtraum da ich mich auf mein rechtes Ohr du weiszt, *hallo!*,

pflügte den Schnee, nachts, lauschte *der Stimme des Herrn*, deiner Stimme v. nebenan, sehe überall Augen! Augen v. Hunden, v. Fischen, auf dem Parkett, deine kl. rote Zunge = ZÜNGLEIN = auf dem Küchenboden gefallen,

.... ach Jahrzehnte v. Aquatinta

in den Farben v. grün und blau und gelb und rot, und schwarz, ach die Farbe der Kindheit sei rot gewesen, die Farbe der Adoleszenz grün und blau gewesen, indes die ockerfarbenen Schatten der Zugvögel (welche am Ende des Sommers, nach dem Süden ziehen),

hast du etwas zufleisz getan?
endlich ins Schwarze! vielleicht eine corona!
nämlich der Anfang einer neuen Jahreszeit etwa der Winter etwa der Tod!

solch Tick! im Liftspiegel! da wir kauerten im Lift mit verzerrten, ich meine, Mienen!, vom künstlichen RÖMISCH! dasz aller Augen schwimmend in Tränen,

der Halsausschnitt des blauen Blouson, ich meine,

1.11.18, *gnädiges* Café
wo du damals,
einkehrtest, in einem
Buche lesend, gefranstes
Wäldchen ade,

die verlobten / entlobten Farbflecke (wie Kafka!), verehrte Sr. Birgit : danke für ASSISI-Karte ich meine deine Gedanken an mich, auch wir denken oft an dich, war vor 100 Jahren in Mariazell, Devotionalien reich bebildert, eingekauft. Sagtest einmal zu mir, wir sind ohnehin an der Spitze des Berges mit einander verbunden auch wenn wir einander, eine Mondnacht. Weil ich sehr alt bin, bin ich sehr langsam geworden ich sehe eine vergoldete Harfe im Fenster vis-à-vis, schreibe am liebsten Stenographie : spare dadurch viel Zeit, wir bringen dir bald eine Mozarttorte mit brennender Kerze

Quaste, am Bein oder Geschmack meiner Sinne!

er trug so eine Sportfrisur = Sportkappe, lächelte magisch, magischer SPAR, erst als Kassier, später bot er WURSTWAREN an usw., aber eines Tages war er entschwunden : ein Halo wie er Milchkaffee verschüttete,

ein Tüpfelchen = Onkelchen! = tiefblau : teufelte los mit Pessoa = Papa, ins Café Schlusche (an der Wiedner Hauptstrasze),

ich schreibe PROEME

»bin weder gut drauf noch habe ich schnauze voll« = Guilhem de Poitiers, grün wie ein Moos, sagst du, Funken des Walds, usw., Haarsträhne *kleckst* über linkes Aug!, Parabel auf dem Küchentisch da lag dieses Wort auf dem Küchentisch, da fiel mir dieses Wort aus dem Mund, auch TURNER am Morgen (Papa mit Zahnstocher statt Zigarillo zwischen den Lippen, sagst du, die Abende einsam, sagst du, mein Herz in der Zipptasche, *etwas blies und blies*) ...... (frage ich mich des nachts werde ich den nächsten Morgen erleben),

4.11.18, meine Fresse
mein Essayismus dieser
schwarze Vogel wie er
gegen das Fenster
KNALLT,

nun ja habe mir den Schädel an einem Möbelstück, zerfranst, ich meine *overkill!*

wir schreiben den 9. November 2018 circa 30 Jahre nach dem Tag als Mama am offenen Korridorfenster des Wiener Neustädter Krankenhauses stand und den Säugling in den Armen der Ursula B. streichelte (engl. to caress!). Welcher, heute = Ursula B.'s Ebenbild! = mich begrüszte nämlich als mein zukünftiger Hausarzt mich begrüszte etc., so dasz ich jene Tränen welche ich damals beim Anblick des Säuglings vergosz nun, nach circa 30 Jahren, wiedervergosz, *ein Enigma*, sage ich, Mama nämlich schon lange begraben,

im WALDARCHIV, sage ich, wie auch immer, es sich begab fiel mir zuweilen ein Wort das ich gesucht hatte nicht ein aber sein Pendant = etwa »das hängende«,

bin in einen Zustand zarter Verwahrlosung geraten, sage ich, ich war verwundert dasz deine lila Schwertlilien ich meine die lila Struktur deiner Fingernägel sich der Struktur deiner Zehennägel angeglichen hatte, ebenmäszig und *tirolisch*, Hölderlin sagt »der Gesang kaum darf es enthüllen« womit er den Gesang der Vögel im sprieszenden Jahr usw., meinte

die Ohren oder mein Engadin, o du mein Engadin wie v. Schnee, die Nylons oder mein Engadin, Stendhal hat geweint beim Schreiben, hat beim Schreiben geweint, sagst du, *möchte mein Schicksal auslöschen!*

9.11.18

das tönende Laub zum Verkleiden der Äpfel, auf der Ansichtskarte die du mir sandtest (rot und grün die Rosenkugeln aus den abgeräumten, Beeten jetzt, das Laub zum Verfärben der Äpfel ……), träumte mir, ein bräunlich gekleideter Wanderer liege im bräunlichen Laub nämlich *im Ostteil* des Traumes, aber wie in den Empfindungen des Wachzustandes vermieden wir es, den Wanderer lange anzuschauen, indes Raoul Hausmann mit dem ein längerer Briefwechsel mich verband. Sagte »hallo Frl. M., Spuren v. Schnee, ich meine auf einer Fotografie die mich als 3-jähriges Kind, abbildet, fand ich Spuren v. Schnee welche sich in den zarten Augen des 3-jährigen Kindes der Ärztin in deren Ordination am gestrigen Abend ich mich eingefunden hatte. *Spiegelte.*« Diese Meisterschaft eines Kindes, nämlich …… schau doch, sagtest du, am gestrigen Abend, die zarten : blassen : Augen des Kindes : ein noch unbekanntes Terrain seines Lebens, ich meine Distel des Traums, usw., »Bubenfrisur«, du sagtest »Bubenfrisur«, eine Liebkosung des Hasenfells!

> als wir den Gasthausgarten betraten, sagtest du »wie klein der Garten geworden ist«, als wir den Gasthausgarten *nachts* betraten, sagtest du »wie klein er geworden ist, und wie der Mond, schien!«, als wir den Lesesaal betraten, sagtest du, »wie klein der Saal geworden ist, wie klein der Schnürschuh, sagtest du, *endlich tobten die Hochalpen!*«

die Wolken schwärmten als ob er am Fenster lehnte und die Landschaft betrachtete, wir wanderten in einen Wald in ein Waldstück v. Waldmüller,

Gefühl v. Eibe Gebraus v. Äpfel *dasz mir ein Schirm blies*, bei Gott, Tüte des Lampenschirms, vom Fenster aus *das Feuer* der Kirche Marie v. Siege, gesichtet,

14.11.18, geschrieben
während ich Deutschen
Barockliedern lauschte,

da blitzen die Vögel die Gebrüder v. Goethe, zuweilen Gewitterhimmel = August, der Rabe flockenbedeckt ging am Stock, usw., geheime Briefe an K., sie fragte »BLEU III« v. Joan Miró, hast du meine Karte bekommen, schon viele Jahre Vater und Mutter nicht mehr, in Bregenz letztes Wochenende viel an Vater und Mutter gedacht ...... solch' Lampions, corona, sagte ich, es gefiel ihm dasz ich corona sagte dasz ich corona in unser Gespräch *einschleuste* dasz ich corona thematisierte,

> ein fieberhaftes Leben! ein beseligendes Leben! ich kann zu Emma Kunz nichts schreiben! lieber Hans Ulrich ich kann leider zu Emma Kunz nichts schreiben : ihr Leben und Werk sprechen mich nicht an, die Tränen ROLLTEN tatsächlich, in den Lilienbusch! ich meine das *Gabelfrühstück* : ein Wort das aus dem Gebrauch gekommen sei, usw. die Flamme des Gabelfrühstücks sich entzündete in meiner GURGEL!, diese Woche zum 3. Mal ins Café Sperl, sie fotografierte mich, da ich gegen die Wand lehnte, geschah es dasz die Sonne der Sonnenschein sich ein Nest baute in seiner Locke, sie sprang durch den Reifen, wie Zoo oder Zirkus,

Ärztin spottete ein wenig ich meine spottete ein wenig : lachte ein wenig über die Naivität eines Gesichts : auf einem Foto welches das Gesicht einer Greisin, abbildete, seltsam dasz ich des öfteren an diesen Tannenbaum (denken muszte) ...... mochte es nicht dasz sie Tannenbaum sagte statt Christbaum : dieser trug silberne Tränen statt Silberschmuck. Es kam mir vor dasz der Christbaum schon ein Jahr, nämlich seit dem vergangenen Weihnachtsfest, *also zu Kriegszeiten*?

ein winziger lieber Schnee (oder Schere), war auf ein Säckchen gezeichnet ich liebte diese winzige Schere : sie solle hinbrausen und schellen wo man, im Halbschlaf etc.

die blauen und weiszen BATZEN auf deiner Bettdecke,

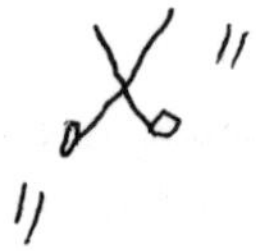

26.11.18, Kalenderchen nämlich, kl. rote Zunge Zünglein den ganzen Abend, Henry Purcell gehört, mit winziger Schere den Mond *ach den zackigen, Mond*,

Sodomie sagst du wenn wir dieses Reh *abgöttisch*!,

mein online-flüszchen = Füszchen heute bei uns erster Schneeregen Schneerose usw., vor einigen Tagen flogen die letzten Kraniche gegen Süden : hunderte : tausende am blauen Himmel in doppelter Keilformation …… die FAZ wartet auf dich! unendlich fiel mir der Taufname der Physiotherapeutin : VERA : ein …… sie zeigte mir mit ihren Händen wie dick sie als au-pair-Mädchen geworden war, die Kurtágs am Klavier hingegeben am Klavier 4-händig im ersten Flieder : Federkleid des ersten Flieders, im Halbschlaf, sagst du, mit Glokkenblume und Distel!, ein winziger lieber Schnee, dasz man das Säckchen dort aufschneiden solle!, Grumen v. Halbmond = abnehmend, kretische Eselin,

mein Blick aus dem Fenster 6 Uhr früh, wir schreiben den 28. November, abnehmender Mond : MAGRITTE, erster Schnee dünner erster Schnee, sie legte ihren lg. Zopf auf meine Bettdecke, Glissando, »Überziehhände«, im

Lokal an der Ecke wird *Dart* gespielt ich habe Angst das Lokal zu besuchen, *wegen der Augen!*, weiszt du, wollen wir die Fächer der Zimmerpalme beschneiden?, weh mir mein onduliertes Flüszchen Füszchen, die weiszen Tasten einer Klaviatur v. Schnee auf den Dächern, als ich übersiedelte habe ich meinen Konzertflügel v. 1889 in der liebgewordenen alten Wohnung zurücklassen müssen, sie hatte ihren lg. Zopf auf meinem Bettlaken zurückgelassen, weh mir dieses Körbchen Sonne wie's schwankt dieses winzige Krügelchen *ach warum immer diese Diminutive?*

nun ja deine charmante Küche, sagst du, das Musikstück auf dem GRAMMO verstummte, Komposition eines Grases, wir reisten 1971 v. Köln nach Berlin dasz uns der Rhein, dasz der glorreiche Rhein uns grüszte seine Geisteküsse und -bisse, »Mops mit Schellen« mit schwarzem Gesicht, Meissener Mops aus Porzellan, saszen wir damals auf der Treppe der Galerie »nächst St. Stephan« und *zeichnete dir ziemlich Vogel*, auf Zettelchen, ich sagte zu dir wollen wir nach Nizza fliegen, vieles ist mir verlorengegangen, sage ich, die Bücher sogar die ich selber geschrieben, auch vom Herbststurm, *zerzauste!*, kenne kaum die Titel der Bücher die ich selber geschrieben, ach trockene Blumen in deinen Briefen an mich, oder zeichnetest kl. Strophen in Stenographie was mir zu Herzen,

28.11.18, die stürmenden
Tannen, die Nerven,
nämlich, merken sich das,

fand ich in meinem *pocket* : weinte ich : »zum schwarzen Kameel« : Beletage 2, bist mein Himmelvater = *Palermo* etwa, performance. Träumte ich! : eine *hedge* = eine Hecke welche mich an der Schulter berührt, hinter Parkgitter nämlich ...... hatte ich nicht jederzeit über dies und jenes geklagt also was mir alles entgangen, nicht wahr, ach was an allerliebsten, Empfehlungen, an mir vorübergegangen, winziges Henkelglas = Krügelchen, mit den lieblichen Farben des Grazer Uhrturms bemalt, weh mir flatterten schöne Vögel, im Äther, etc., die lieben lila Büsche und branches, waren verwelkt, rauschten / raschelten / in der Vase (emanzipierter Iltis auf dem cover einer Tierzeitung *ich meine HERZIG* was eine Vokabel aus der Kindheit,

> meine Mutter diese blutige Fuszmalerin), man habe sie von der Spitze des Bergs, hinabgestoszen,

sie hatte groszflächige Feuermale : blutrote Hände, an meiner Stirn ein Abbild von Afrika!, ich meine ein *Storchenbisz*, an meiner Stirn ein Feuermal, Gebraus v. Eibe, riesiges halboffenes *von blauer Farbe* Wolkenauge im Osten, die lb. lila Büsche = Rüschen waren verwelkt = verwüstet, immer Hinterhof, Eibe, ihre Arme breitend, ans Fenster des Wartezimmers des Arztes gelehnt, indes die Vögel in den Ästen *ich meine Minerva*, conclusio nämlich Reseden,

> dasz du stets eine *Kopfbedeckung* trugst nämlich *Behauptung*, im Krieg, gingen wir nachts spazieren dasz die Leuchtplaketten an unseren Mantelaufschlägen, einen Zusammenstosz mit anderen Passanten verhinderten, diese Bombennächte, schlepptetest linken Fusz nach als kopiertetest du Fuszverletzung, gebrochenen Fusz usw.

in der Früh die Nordkette im Fenster versteh mich richtig : die riesigen rosa Wolken im Osten von Minute zu Minute Gestalt und Farbe wechselnd ach das Schweifen der Wintervögel,

4.12.18, dasz dir ein
Schirmchen *blies* ein
Mirakel (Gehöft
v. Gefühlen : cut-up
Methode ......)

in der Früh die rosa Nordkette im Fenster, das war super!, sagst du schlepptetest dich zuweilen : fetztetest einen Fusz nach dem anderen, gingen im Krieg MIT BUBI nachts spazieren, mit Leuchtplaketten an den Mantelaufschlägen : einen Zusammenstosz mit anderen Passanten zu vermeiden, ach Berg v. Papier Berg v. Strophen indes einige Flocken, klammerten sich, ans Fenster, weiszt du, da ich die Flocken mir einverleibt ...... dies war meine wilde Pubertät : sage ich : dasz ich bei Wanderungen mit den Eltern fünfzehn Schritte vorausging,

jemand hat mir etwas böses angetan oder mich verraten, als wir im Wald oder am See, oder hatte man mir die Erinnerung *weggespült!*, das Kleidchen nämlich das Kind : des Kindes, DER PAPA WAR RENNFAHRER! Mama sogar ihn anfeuerte!, wollte noch größere Eile! : *flogen!* durch die Allee der wilden Apfelbäume, das wechselseitige Auftauchen v. Sprache : Verschwinden v. Sprache : wie erklärst du dir das? es war wohl in den 70er-Jahren dasz wir saszen auf dem kl. *aufgeklebten* Balkon des Wassermannhauses, ach flotter Schatten, Hans Hollein's Schatten, einige Jahre später saszen wir an einem See, oder saszen wir auf einem kl. weiszen Balkon indes die Frau des Hauses davon sprach in die Küche gehen zu wollen um ein Abendessen zuzubereiten,

ein ganz kl. Enzian auf dem Küchenboden oder das blau der Lupinen oder wälzte mich auf dem Küchenboden oder eine Strophe in weiszen Marmor geritzt ...... vieles kann ich nur schreiben weil ich mich verlese/verhöre, *an der Spitze* : ich meine *an der Spitze* der Dorfstrasze (habe ich hier das richtige

Wort, gewählt?) schlug sich Buchseite auf : die mächtigen Weizenfelder ......

6.12.18, Taxi, Waldküsse, ½ 5, Sacktuch *zipfelte*, als er unter der Eibe sasz, aus seiner Rocktasche, habe 3 Sommer hintereinander den Duft des Jasmin (im Stadtpark) anzuhimmeln versäumt, indes ein Fähnchen, Flittchen, Fliederbusch ...... am frühen Abend in Lehnchen, Fliederbusch ...... am frühen Abend im Lehnstuhl EINGENICKT, abermals abgestürzt! im Abstürzen aufgewacht, usw., Borke des Baumes – was? was ist denn? Vogel mit weiszem Kleid in den Revieren! angefeuerte Sprache!, erzählte dem polnischen Chauffeur, meine Lebensgeschichte, »waren Sie einmal Sängerin, waren Sie Diva«, nachts mit Klaus Reichert im Café Central, ich meine dein verwunschenes Augenpaar, 3 Wasser-Flaschen *unter Tränen, hinter der Jalousie*, etwa kann ich nur aufschreiben weil ich mich verlese / verhöre, *dasz wir heulen : heulen selbander*, ich brauche tatsächlich einen Muff *für meine zottigen*, Füsze, ich sah im Schlaf dasz du nach einem Granatapfel fasztetest, Kehlchen des höchsten Entzückens, Borke des Baumes – was! was ist denn? das Sausen des Wintervogels ach starrende Winterzeit, war es eine Luftspiegelung oder *Gehöft, von Gefühlen*, Archipel der Wolken,

am Morgen?, Apulien = Aquarell mit Armleuchter (Linde Waber), hatte man dir die Kleider vom Leib gerissen / die Rosen vom Leib gerissen? ein gewisser Zenith in der Strasze (die letzten Worte des Mai usw.), Heimito v. Doderer hat mir in verschiedenen Tinten Briefe geschrieben ...... besuchte gern das »Nordstern« = Grazer Café,

> ich kann Pier Paolo Pasolini auf einer Fotografie mit fliegenden Armen (um das Gleichgewicht zu halten) beim Fuszballspiel erkennen aber die Fotografie erinnert mich an *meinen Racheengel* ich meine Übungen auf dem Eislaufplatz als ich ein Kind war ich glaube als Kind mit ausgebreiteten Armen um das Gleichgewicht WIE TRIBÜNE! : er, Pier Paolo Pasolini war wie ein Vogel mit ausgebreiteten Schwingen, enttäuschte mich aber weil er dem Fuszballspiel : einer von mir verabscheuten Sportart : huldigte,

denke ich jetzt oft wenn erst ein Mal *Schnee fällt*, ich nach Falkenkrug fahren wolle und dort bei Mondschein etc., bin jetzt CHER KRÜPPELCHEN, so Gertrud Kolmar, *in meinen Tagträumen* ach finde mich als koloriertes Foto *in meinen Tagträumen* wieder, bin dir einmal im Wald begegnet, du, Adagio in Zweigen, ein anderes Mal begegneten wir einander auf dem Flughafen v. Stockholm was mir den Atem raubte, (O. B.), *ein wenig ruszig der Fensterpolster*, wieso.

Archipel v.Wolken (im Fenster), als ich die Augen öffnete, vom Fenster aus das Feuer der Kirschen, sagst du, die letzten Worte des Mai, ein Gitter : Gewitter : Einschub : das Foto einer eingeschüchterten Valie Export auf einer Treppe, da Valie Export gegen die Lifttür lehnte, schnürte sie sich zusammen als schnürte sie ein Paket,

8.12.18, wie
Sternschnuppen fielen die
Wörter mir ein, usw.

ach was für Arkadien im Himmel (morgens!) Zuckerkandl auch im Himmel, höre die schwedische Sprache im Himmel glaube ein wenig zu verstehen einige Zahlen : das eins und das zwei und das hundert : entzückende Vielfalt / kann nicht kopfrechnen, ja wir lachen viel, habe Keuchhusten, Hexenhaare, Miramare, Telefunken, du schreibst mir »was für ein Avantgardetheater war in der Hamburgerstrasze?«, Günter als er 4 Jahre war wünschte sich mit seiner Mutter Blumen pflücken zu gehen, die Wiese überflutet mit Veilchen aber sie konnte ihm diesen *lila Wunsch* nicht erfüllen,

P. S.: Orte v. Nesseln?

circa Waldschatten und Leberblümchen in der Tiefe des Gartens, etwa das Knospen : die Rufe, des Bergkuckucks, das Umhalsen der Sperlingswand, usw., es war an der Fliederhecke ich sagte zu Stefan Fabi, letztes Mal saszest du in der Sonne (am Fenster) und die Sonne in deinen blonden Haaren, ich meine auf dem s/w-Foto ......

ich war circa 3 : als Onkel Adi *mich auf die Rax*, auf seinem Rücken trug, indes die Zahnradbahn ich meine, *und von bemalten Tellern aszen*, es war 1929 dasz

die Eltern mit dem Auto rasend nach Nizza, und Papa flüsterte »achte darauf dasz ich keinen Sonnenbrand« usw., aber Mama war eingenickt, hochgeboren Engelszungen v. Sonne,

»das Wort PROLETEN aus ihrem Mund«, sage ich, wie ungewöhnlich, sie langte nach dem Granatapfel in der Kiste, weh mir, habe sneakers am Strand

v. Cattolika gefunden, waren zugeschnürt, damals, bin ich auf papier-maché-Elefanten geritten, es war eine Gelegenheit / Verlegenheit dasz Mama mich tupfte : tippte auf Nasenspitze, solch *Klamotten v. Vögelchen* in der Heimstatt, rufst du, heute ist Blutmond!, heute geträumt dasz ich wieder laufen konnte,

wanderten in einem Wald : Waldstück v. Waldmüller,
11.12.18, wollen wir löschen : verlöschen, wie Kerze?

so viele Wangen v. Post, der Onkel trug mich auf seinem Rükken, auf die Rax, welche *verhext* v. Schnee, »dies Nadelkissen«, so Marcel B., piccole tazze, so Marcel B., winzige Tassen, hatte er tatsächlich die Klammer *zu schlieszen*, vergessen, oder absichtlich die Klammer am Ende des Textes weggelassen? weh mir deine Waldküsse, eiserner Vorhang des Winters, es sei ihm SONNENKLAR gewesen. Als er dies sagte, wunderte ich mich dasz er einen solchen Ausdruck anwandte,

ich meine *das Parkettchen!* : immer wenn wir an dem Parkettchen vorbeikamen sagtest du, »wie schade! ein Café wäre hier angemessener gewesen«, das Parkettchen war hell beleuchtet, und dgl., ich meine das Parkettchen wäre auch als Voliere geeignet gewesen, als ich bei ihm *weilte* flog ein schwarzer Vogel gegen das Westfenster, oh Schwesterchen wie funkelten deine Tränen!, der vergangene grüne Sommer im Fadenkreuz, eine Artischocke = Kaltnadelradierung v. Louise Bourgeois, »Topiary« 2005,

mit kl. Kehlchen, ins Freie, dann in den Garten gelaufen eine halbnackte Frau im Gras wie v. Monet, ich meine Huflattichwäldchen, träumt mir vom Laufen,

nämlich Tonnen v. Eltern

Havelock eines Winters schreibe Proeme, etwa BLUTMOND : 25.1.57, es war 1929 dasz die Eltern mit dem Auto rasend nach Nizza *und Papa sagte* »achte darauf dasz ich keinen Sonnenbrand« aber Mama war eingeschlafen, frage A. K., fährst du ans kroatische, oder was : kroatische See? *habe angehimmelt Parkettchen* habe das Parkettchen angehimmelt, OK!

18.12.18, dasz eine
Pfütze v. Tee nämlich
Parkettchen,

die Kreuze des Tàpies, fast schon Vollmond : *die Fetzen des Leu* bin erwachsen geworden wir schreiben den 26.12.18, die schwärmende Blume, der Klatschmohn, ich stosze mit Van Hove : von Herzen : an der Straszenecke zusammen, etwa. Inmitten Gräsern, ich meine wenn ich Briefe schreibe möchte ich stenographische Kürzel schreiben, wie die Bäche flieszen aus unseren Augen, wir himmelten ach wir himmelten wandelten in einem Wald, in einem Waldstück, von Waldmüller, auf diesem Bild v.Waldmüller, ich meine auf diesem Waldstück hörte ich die spielenden Kinder, ich habe mich in winzige Schere verliebt minimale Schere, Gebraus v.Waldrebe, weiszt du, eines Apfel's Backe (so grün!), auf dem Herweg, so Bodo Hell, *ist uns ein Diakon mit Dauerwelle!*, Pastorenbirne : selbst angepflanzt!, frage dich »gibt es den Begriff SCHMERZ-OPER?«, das allgemein Poltern ......

eine Erleuchtung, sage ich, eine Erleuchtung des Wangenrots, ein Tag wie ein Maiskolben, blasser Tagmond ...... später der Schnee geschmolzen lernte ich zu verstehen die Sprache liebe Sprache Blutmond am 25.1.57, schreibe / schreie Proeme, ein winziger Schnee : winzige Schere, *was was?* 9 Uhr vorbei : habe gedacht ¾ 2, eiserner Vorhang des Winters, Kränzchen v.frisch gefallenem Schnee, auf der Gruszkarte steht *Maszliebchen!* als sei es ein anderes Wort für Schnee *oder was? oder was?*, die kl.Schere ✂ ich denke an dich die Dinge sind mir ans Herz gewachsen, all dies, ich fuhr an dem Haus vorüber in welchem ich einmal gewohnt mit Tränen ich meine aus einem Fenster, winkte Mutter mir einmal nach (da ich die Gasse, hinuntereilte), damals vor vielen schneeweiszen Jahren!, ein Mirakel, am Morgen als ich die Augen, aufgeklappt, usw., in einem Halbschlaf : ich sei ein wenig slowenisch von Groszvaters Seite, stürzte : strauchelte auf dem PARKETTCHEN, weiszt du, strauchelte : stürzte ins offene Grab, swantje! swantje! bist du Schwan? schwarzer Schwan?, träume vom laufen,

wie starrte Mama!

26.12.18, deine Schnute,
sagst du, vormals zittern,
weh mir finde die
Telefonnummern der
Freunde nicht mehr ......
habe mir *einige eingelernt*,
usw.,

waren im Schattenreich? diese fairness v. Tapete! Holzschnitte auf Tapeten, aus den 70er-Jahren, schicke dir ein Foto von der Arbeit *Form-Paar* welche aus 3 Teilen besteht und zu einem Turm zusammengefaszt wurde, stehen wir vor einer Tapete ich meine Himmel's Tapete, Himmelchen wie Tapete, habe mit Klötzen, gespielt als ich ein Kind, usw., auf dem Klavier = der Lüfte ein rauschend Glissando gespielt, es war an der Fliederhecke, sage ich, letztes Mal saszest du in der Sonne (am Fenster) und die Sonne in deinen blonden, Haaren, ich meine auf dem s/w-Foto, ich denke an dich die Dinge, sind mir ans Herz gewachsen,

> weh mir, standen wir vor der Tapete Form-Paar 1, 39×45 cm, Holzschnitt auf Tapete, stand ich neben dir, stand ich hinter dir hatte ernstes blasses Gesicht, Letterchen, sagst du, Letterchen (Tonnen v. Eltern), hätte dich gerne durch den Schloszgarten geführt, habe dich ALSO in Gedanken begleitet, Bolzano!,

waren wir 2 ineinander übergehende Formen? habe es geregnet habe es Flocken geschnürt wie damals auf der Museumsinsel (Berlin) vielleicht waren wir eingenickt?, *die verlobten Farben!*

> habe er mir einmal eine Fliegerhaube geschenkt? : »muszt sie aber auch wirklich tragen!«

hochgeboren Engelszunge v. Eintracht ......

30.12.18

»die Christbäume wie Laubsägewälder, Tick oder Tieck als wir im Lift abwärts, schwebten, »Gesichter schnitten« im Spiegel, wie als Tick, war es, ein Tick dasz wir schmeichelten, einander schmeichelten, uns in einander vergruben, im Liftspiegel, abwärts, Tieck oder Tick, »nur jg. Leute, und *piercing!*, schon 3. Jänner, mir gefiel dieses Foto mit Arthur Miller, blutige Arie nämlich,«

sende mir, ein paar Zeilen die du geschrieben hast dasz ich etwas dazu zeichnen kann, so Stefan Fabi, pumpten den alten Ziehbrunnen leer damals in D., habe so eine Brosche gehabt, Winterbrosche!, so was feines mit Vogelschnabel : weit aufgerissen weil durstig (früher wollte ich immer nach Andalusien fahren wenn ich jetzt das Wort Andalusien höre, musz ich weinen, Christa Kühnhold ging oft in ihrem *zerrauften* Garten umher, er gehört aber jetzt niemandem mehr so wie ich niemandem angehöre), weh mir.

An jenem Tage da wir über den morschen Balkon mit dem Blick auf den tiefblauen Mondsee zappelten, hatte ich Angst einzustürzen nämlich in den abgrundtiefen. See, usw., ich erfuhr in meiner Jugend : *allzublau bliesen* die Horizonte, dieses und jenes Unheil wäre mir zugestoszen,

indes die Waldküsse, die untergehende Sonne, sich im Wasser spiegelten, ich meine man legte die Kleider einfach unter die Büsche ehe man in die Fluten ...... ehe man stieg abstieg über die Stufen des Sees, auf der Veranda die vollen Schüsseln mit Obst, die vollen *Wespen v. Taillen*, ach die Entwicklung der neuen Welt ist uns unverständlich geworden, wird uns immer unverständlicher werden, sagst du, höchste Zeit dasz

MAN DIESEN DELPHIN!

verläszt (als ob der Grammo allmählich verstummt, was zählt sind die unvollendeten Sätze, blauen Stegreifblumen, meine schlafenden Füsze : schweren Herzens, winziger lb. Schnee, Archipel der Wolken am Morgen), ich müsse mit dem Weiternotieren eine Weile = einige Stunden und Tage warten um mich nicht zu wiederholen,

nur im Schädelchen, alles vollzogen, schaue mir selber zu, usw.,

5.1.19

was souffliert uns NATUR? was souffliert uns die KUNST? mehr als alles, küszt uns der Wald ach wie uns der Wald küszt, Wäldchen, küszt! es singen die Kirschpärchen, knarrender Kopfsalat, wie das Morgenlicht wie die Kralle des Morgens, die Backe ritzt oder kratzt, ich meine love and glory des Stefan Fabi, tauchte plötzlich in der Hotelhalle auf, dasz ich meine Arme, ausbreitete, die Wiedersehensfreude anzuzeigen, etwa ein Furioso, um himmelswillen Wasserfarbe auf Pappe, eingebettet in Landschaft : 7 Frauen = Plejaden, 210 × 105 cm, Holzschnitt auf Leinen 4 – 14, wangig rosawangig : Frau Nummer 4, nie vorher ähnliches (mir) erschienen, rosawangig saugend mein Lippenpaar usw., knieend Kleeblatt statt Herz, Federn statt Haar,

> hinter Eibenhecke : Plejaden, lichtblaue Wasserfarbe der kroatischen See, lichtblauer BLUST des Himmels, mit ganz kl. ✂ (»Schere«) Tapete beschnitten, winziger lb. Schnee, was zählt sind die unvollendeten Sätze!
>
> *ach! diffus in der Tram!*

habe mich in die NATUR verknallt habe mich in die KUNST verknallt, Figur v. »Selbstbild« (Figur aus Holz wird an die Wand gestellt, der Betrachter kann durch die 2 Löcher im Kästchen schauen und die Sichtweise der Figur einnehmen : Originalgrösze ca. 1,70 m Höhe, etc.), ebenso ich, an die Eingangstür mich pressend, durch die die Sicht vergröszernde Optik der Luke lugend / peepend, eine kolossale Parole = l'art brut, knickte papillon ...... nämlich, aus Holz, was hatte ich durch LUKE gesichtet? was hatte Figur durch die Luken des

Kästchens gesichtet? etwa Blick in Wäldchen, auf Flüszchen, auf Schriften v. Poesie, usw. oder wie damals im Stadtpark die Sicht auf jenseitige Wildnis nicht wahr,

ich meine, das Honigbrot des Stefan Fabi, ein *Blizzard*, nämlich,

11.1.19, sandte mir Briefe
in welchen verwelkte
Blumen, ich meine,

nach der Lektüre einiger Gedichte v. Heiner Müller, sende auch du mir, einige Sätze. Sende auch du mir leuchtende Sätze nach welchen ich etwas malen kann usw., indes mein rechtes Auge zugenäht ist von den Träumen, mein rechtes Auge wie der Mond ist, Tagmond, *Ganymed*, das Sprechen der Sprache, der Ort des Schreis, Gebrüll der Tiere : zahmen Tiere, die ihr verzehret, Ort des Schreis, hör mal!, habe noch Tage lang diesen meinen Schrei im Ohr den ich ausgestoszen. Als ich niederstürzte,

wenn ein Hund auf der anderen Seite der Strasze mich anblickt bin ich selber der Hund der mich anblickt, siehe, ich bin der Hund der mich anblickt, *grasgrün im Lenz*, meine Nahrung : raufe Gras, sagt man. Es werde Regen geben, hetze (hetzest) als Hund durch die meadows kannst nicht denken nicht sprechen aber der Honigmond ich meine ich belle den Honigmond an bin ich ein zahmes Tier welches dir aus der Hand. Friszt. War ich Fisch oder Löwe, oder in der Antarktis silberner Pinguin, wie ich erschauerte!, kann auch Tränen vergieszen silberne Tränen, das fliegende Auto, und brüllend die Sonne …… der Clou des Wirrsals, ging an der Leine, ich meine Wasser lassend,

ich meine im Garten verschwelgt (in Bludenz im Blut v. dir), *nosing the path* was für ein Hündchen, bin ich, love and glory, JD spricht v. knieender Nervosität, Spaniel etwa. *Da wir dieses Reh abgöttisch*,

mein Blick aus dem Fenster 6 Uhr früh wir schreiben den 13. Januar 2019, abnehmender Halbmond : *Ma-*

gritte, ins verliebte Gebüsch (als ob ich whiskers hätte),

13.1.19, Titel dieses
Gedichtes könnte auch
sein »zu meiner Auffahrt«,
wird man dir etwas
kochen? ach der *urige*
Wald ……

landart z. B.

das ist psychisch sagst du nämlich der Wiesengrund oder das Wasserlassen. Da wir dieses Reh, *abgöttisch*, habe mich in winzige ✂ (Schere) verliebt, usw., Leu usw., habe die Legende vom Urknall gelernt, sitze auf abstraktem DIWAN (mit Häsin im Restschnee nämlich Profil), auf edlen Zweigen des Universums deine nächtlichen Lichtzeichnungen die du mit weiszer Kreide ich meine weiszer Taschenlampen-Schrift den Sternenhimmel, mir offenbarst also süszeste Gestirnfäden usw., wie hinreiszend die Choreographie der Himmelskörper, *eben auch Mondes!* sein Erscheinen und Schwinden!, unsere Formalhaut ich meine die Schönheit v. Leere, kommt die Idee : Gefäsz : vom Durst der uns quält (oder was?), das Gefäsz meiner Hände als ich ein Kind, um Quelle zu saugen, also dies immerwährende SPRUDELN der jg. Donau : in Donaueschingen, als sie über mein Handgelenk, dieses Sprudeln welches mein Blütenstand, Nuszschale, Seen und Meer ...... weh mir : geschrieben aber nicht erzählt, sitze an der Seite der hl. Cäcilia welche die Orgelsprache, nämlich die Knospe die in mir siedelt, ich erkenne : *so grübelnd* das Universum, ach solch langsamer Puls des Alls, ich meine *Halo aus Materie*, usw., das dominante grün der Mütter, himmelwärts also die Kuszlandschaft, Wurmlöcher in den Wölkchen / der goldene Schnitt, es kann alles Modell sein, ach das Hören und Riechen einer Beethovensonate raubt mir die Sinne. Die Augen der Taube, *um himmelswillen* die

Himmelskörper, wir knittern die Schärpe des Zwielichts, raffen den Horizont zusammen, unter Tränen: pinnen den Mond,

alles nur nicht Ewigkeit. Weh mir, ANNE, v. Paul Valéry, LANDART, oder urigen, Wälder,

23.1.19

tatsächlich hast du mir Schneeglöckchen's Wangen so weisze Tierchen nämlich im kl. Henkelglas hast du mit weiszem Faden zugeschnürt ihre weiszgrünen Hälse sie trinken auch ein wenig *saufen auch ein wenig* aus dem Henkelglas (bei Nacht) hörst du sie klingen, schauen aus dem Fenster rufen den Frühling an (zum weinen ist's weiszt du zur Kommunion!) sie duften wonach duften sie, duften sie nach *tiefem* Gras dort wo wir einst uns *tief* umarmten weiszgrüner Morgentau auf deinem Aug, sie können auch sprechen, das hätte ich nie gedacht!, eine Collage v. Max Ernst, die Flügel der Blütenblätter ......

wir gehen aber durch die Hölle, der Vergessenheit,

22.2.19

ich seh es so vor mir. Auf einem Foto aus einem Kopfe : meines Kopfes schien, ein Halm, zu sprieszen (als Liebkosung dasz du auferstehen mögest) weil hinter mir aus einer Vase die man nicht sehen kann : Halme sprieszen : die Fotografie scheint sehr geduldig mein Kopf scheint nachdenklich, mein Auge starr ...... auf der Rückseite des Fotos steht »20 / 12 / 11« : das Datum der Erscheinung sagst du, ein Dürerhase im Genick / Geäst des Gartens, von.

Gloriole der Amsel die Scheinberührung Genossin Amsel ans Fenster *pickt* ...... auf einem Fusze auf einem Schnee weiszgrünes Mäulchen LENZ usw.,

23.2.19

der Nächte Vollmond und der Nächte Blutmond er ist obwohl ein wenig sprieszend (nun ja) ein Schwärmer mit Gesang, du bist mein täglich Brot ...... einmal in tiefer Erinnerung, sehe ich mich im Freien *vermutlich Weingarten* aus eigenen Schriften vorlesen, Landschaft knallgelb, dann tauchte er mit dem Kopfe ab und wollte mich küssen aber es öffnete sich der Lift vor uns und wir muszten uns trennen,

er stand an einer Schrankecke und schien etwas zu überlegen ich kannte diese Haltung : sein rechter Ellbogen stach in die Luft, und war jemand in der Nähe wurde er gespieszt es war eine Situation des Bedenkens, vieler Nächte Traum dasz ich die Krücke ins Gelände, ich meine das Auf- und Abtauchen zarter Gedanken,

die Schatten der Zugvögel = Immortellen, am Ende des Sommers, ich schreibe Proeme *ich habe eine Waldinspiration!*, ausgebrochen mein Groszvater aus den URIGEN, Wäldern, Onkelchen = tiefblau teufelte los mit Pessoa, ach verblutendes Landhaus damals, »Wotan's Schwindel«, zottige Welt,

25.2.19, und sagtest,
warum bist so ein *feins*
liebchen zu mir, wohl weil
ich bald sterben musz.
Und Peter Pabisch sprach
v. Prosodie! oder Sylvie
bemoost, wir skypen mit
den Freunden, es ist ein

Unstern über Wien, ich
weine mir die Augen aus,
etc.,

ein trojanisches Pferd im Gebüsch oder, der eiserne Vorhang, des Winters

bist Historie : bist Bluthund bist blutiger Hund bist Historie, es fiel mir ein als Blitz beim Erwachen es brüllte los (verdammt : es brüllte los) : bin im Besitz des Skizzenbuchs der Künstlerin nämlich des Heupferds vom Attersee, das »Abendbuch« der Künstlerin v. Neumarkt 2002/2003 *in Purpurrot*, bist faule Birne / Brennesseltheater / bist faule Birne mit schielendem Aug! wie abstoszend : das Euter dieses Pferds : abstoszend wie die ganze Historie ...... ach skelettiertes Pferd : dies Drangsal eines trojanischen Pferds! der Frühling auf der Ottomane das wording wie das Wasserlassen, die Begriffe Flor und Flur ich habe es erlebt dasz selbst die Steine weinten,

> »ich hätte dich gern durch den Schloszpark : an meiner Hand *gezogen* durch die Gebüsche gezogen«, so hattest mir geschrieben einmal – zum Weinen ist's zur Kommunion, Hiatus und Phantasie!,

auch betrat das blaue Wunder Yves Klein das trojanische Pferd, auch schwärmten die Windsbräute durch die Luken des trojanischen Pferds, denk dir im Eierbecher steht das Liebespaar, denk dir die MAMA hat einen Teppich mit einem trojanischen Pferd GEKNÜPFT!, Hornisse heute nacht, die Historie!, das Wort Vernissage geträumt, unter Tränen, und zornig gewesen sehr zornig gewesen!

> »*die Gelsen v. Gelsenkirchen bin verrückt geworden*, muszt hinhocken und hocken muszt dir zerfransen das wüste Hirn usw., bin etwa selbst ein trojanisches

Pferd, dergleichen hat es wirre Mähne, bin Krüppelchen bin Historie,«

alle LAUBEN meines Gewissens, damals in diesem Gastgarten in Bad Ischl, dachte an das Wort LAUBE : weil mit dem Rücken zu *Spalier* : ich meine Gartenloge, saszen, ich meine »Armstuhl« v. Tàpies, die aufgerollten Stulpen und Skulpturen, Kreuz an der Stirn, ich zeichne dir ein Kreuz an die Stirn …… wenn man übermüdet, sehr schläfrig ist : schon wollen die Augen zufallen, und kratzt trotzdem ein Wort oder halben Satz wird daraus *kleines Tierchen* welches davonkriecht, ich fühle mich ganz zerrissen ich habe mich in die Zunge gebissen, wenn ich mich VERLESE ist alles gerettet wenn ich mich VERHÖRE ist alles gerettet, habe das Arbeitsbuch der Künstlerin wiedergefunden, es bäumt sich auf das legendäre Pferd das wunde Schlachtfeldpferd, ach der URIGE Wald, ich meine Krokus / Krankenstock hatte Krankenstock im Wald verloren, grafitti v. Seele du bist mein täglich' Brot …… eine Anbeterin hat mir ein Säckchen Heilerde geschickt : ich sollte die Erde verschlingen aber es grauste mir, usw., ich galoppierte über die Hänge ich war ein trojanisches Pferd,

»denk doch, auf dem Parkettchen : die Kümmernis v. Historie, ich meine Irrwisch eines trojanischen Pferds«,

3.4.19

an meinen verehrten, Doktor (NB),
ein rosa Wölkchen am Morgenhimmel wie kl. geballte Faust ein wenig mein rechter Fusz wie er hingleitet auf deiner prüfenden Hand : etwa ob Pumpe v. Blut regelrecht. Dieses Leben : ein happening, sagst du, Wotan's Schürze, in endloser Andacht, hoffe das Schreiben will vonstatten gehen,

auf Zehenspitzen, musz *das Proem* trippeln, weiszt du, und zirpend! ach die Nachahmung des Schönen, Täuflinge sind wir des Regens, der neue Frühling ...... Goldregen wo du beheimatet bist, usw.

10. 5. 19

weil ich so innig grünte (immens). Namens Attersee solch blaue Träne weil preuszisch blaue Wunde am Morgen ich meine morgens, ich meine kalt, ich meine Welle am Himmel da ich Akzente meiner Sprache = Rosinensprache *rette : rede*, ein winziger Ruhm oder Rühm usw., das Auge zugeklebt am Morgen ich glaube es war im Casino und ich hatte lange Beine,

ach wie Kirschen aus deiner Kehle ach Schwarm v. Kirschen, ich denke immerzu an dich und lese deine Gedanken in endloser Andacht,

abgenagtes Knöchelchen, basta!, Plastron v. Instagram usw.

21.5.19

diese Tierpflegerin mit Lemonenhäubchen und Brille : vor sich sitzend : jg. braunes Tierchen in ihren Händen, sehr abgöttisch nämlich zum weinen mit rotem Zünglein (sprechend) wie Spielzeugäffchen in Tierzeitung = Journal!, habe heute nacht so heisze, Träne, ich meine vergossen. Wie damals, in D., Regentonne im Vorgarten besamt mit *Glockenblume*

»hilf mir, Glöckner, ich bin müde!«,

ach kl. Primadonnen werde auf dem Rücken des Sees *umherdonnern*,

als ich heute morgen vor die Tür, trat sah ich mancherlei Trophäen = Teppiche über einander an dem Stiegengeländer hängen daneben groszen runden Kaktus, *»komm mein Freund in unsre Hütte geh voraus du – ich verweile noch ein Weilchen eh ich folge ......«*

als ich heute morgen ans Fenster, trat erschien mir die Banderole des Futurismus auch Lämmersprache! sitze mit Zwergfledermaus in einer Voliere : ist alles gelb ist grün ist Violin', in gelber Andachtswolke, und *»alles blaut«*, Margret Kreidl schreibt mir »gestern waren wir in der Ausstellung von August Walla in Gugging also inmitten, an dich gedacht : dein Pathos hat in mir GESUMMT : ich grüsze dich immer noch SUMMEND! ich meine LULUHONIG!«

bin Tannenbaum habe wölfisch' Blut wie Mandelstam, in einem nu in einer Au,

»das Gewitter im Monat AU«

habe mir heute die Zunge rausgerissen liegt nun auf Parkettchen! Spirale des Antoni Tàpies, der Papa sasz immens mit den Rosetten oder Rotunden, so :

füszelten! ach die Häuser würfelten den Hang hinunter / etwa Philosophie mit Ziege,

2.6.19, *mein Geschreck* :
ich bin, erschrocken,

in der Nähe der Flaktürme, hat schon gebraust, mein Fieber, in der Nähe der Flaktürme dies Sträuszchen, von Fieber, hatte dann teuflische Neuralgien, da gab es dann so kl. Schachteln mit AGOPTON = Agaven und Seerosen, usw. da gab es dann Dominik Steiger ...... ich hatte ein Spielzeug aber ich wuszte nicht seinen Namen es war eine besondere Droge ich hatte mich in die Zunge gebissen, damals in Bad Ischl war es ein Spielzeug oder Sperling ich meine eine Handvoll Sperling in einem Busch in einem Garten in Bad Ischl dort wo wir saszen dieser Busch mit den Sperlingen eigentlich war es *ein Tränenflor!*, erst nach Monaten / Jahren, fanden wir Zeit seine Briefe zu beantworten,

wie wäre es mit uns zugegangen = Traudl Bayer : Jg. 22!, hätten sich damals schon unsere Wege gekreuzt, als sie sagte wir wasserlassen, im Arenbergpark (oder was), vor meiner Wohnungstür lag ein Couvert mit blaszrosa Pfingstrosen oder mit Strophen v. blaszrosa Pfingstrosen, ich meine es gibt eine Zeichnung v. Mimmo Paladino auf welcher dein Fusz. Ein vor dir liegendes Hündchen liebkost, indes dein Mund.

8.6.19, mein Gebrüll im
Gebüsch, vom nächtlichen
Sturm unsterblich
gemacht, usw., heute
ohne Musik gearbeitet,

»heute sind die ersten Schwalben über die WEICHSEL geflogen. Für Bernadette Haller«

etwa um 1 in der Nacht ein Gewitter um 1 in der Nacht da ging ich ans Fenster ich sah mich ans Fenster gehen ich war allein aber ich hatte dieses Geheimnis nämlich im Schwanenhimmel v. Krakau deine abermals Lippe so grosz wie eine Idee aus grauem Blech etwa ein Händchen : Amulett einer Liebe = des Meeres Wellen, hattest so einen Schlaf oder Schleier (Ruhm oder Rühm oder Bergsee!, träumtest v. Ronda, dem Rosenverkäufer v. Kreta),

die wilden Tränen zum Abschied, ein graues Händchen v. Blech usw.,

8.6.19, »puristischer Ökohimmel ......«

für Bohumila Grögerová fürs schwertlein!

sie schrieb zuletzt mit Buntstift und Groszbuchstaben weil ihr *Augen-Masz* also Informatik : sie habe »Tod durch Musen« ins Tschechische übersetzt, ich erinnere unter Tränen ihre schöne Kunst usw., da war die kolossale Hängebrücke über die Moldau, am frühen Morgen die Fischer in ihren Booten, mit Ernst Jandl Bohumila Grögerová Josef Hiršal ins SLAVIA, (wie's Jesulein), »Verbindungsfäden mit ihrem Weltall gibt es viele!«

etwas wie Elektrizität und Moldau, ich arbeite ein wenig wie Malerin, ich meine die Farbe grau wie Asche wie Staub wie Sperlinge wie Regen wie Dämmerung und Eleganz,

Ockerfarbe auf Herz montiert. Sie sagte kannst du mir die Welt erklären, wie weinte ich dasz die Straszenbahn schwankte sich einmal neigte auf die rechte Seite ein andermal auf die linke,

3.7.19, 4.7.19, wir
nannten sie »Bohunka«
es ist lange her sehr blau
die Tage waren, es war
mir als klopfe sie an der
Tür, 1 mal des nachts als
die Mondin la lune, in
jeder Ecke ein zärtliches
Tier oder Strophe,
nämlich ein Modernismus,

(ich erinnere mich 1 mal sommers ein EXKREMENT in ihrem Quartier indes die Sterne. Josef Hiršal übersetzte Ernst Jandl wir waren Freunde ja, grosze Freunde, *ade* ......),

dies ist ein Proem : es wäre heute 100 geworden ich fragte es
»warst du als Richter streng?«
»ich war als junger Richter streng als alter Richter fromm: *lammfromm wenn du ins Wasser gehst lamm-fromm*« ......

mit Stöckelschuh' wenn du ins Wasser gehst lammfromm mit
Stöckelschuh' wenn du ins Wasser gehst,
ich bin ein Findelkind : zieh Leiterwagen,

12.7.19

eines Morgens circa 2 Wochen nach deinem Abschied kam Libelle durchs Fenster mit erhobenen Armen und grüszte mich sie blieb viele Tage, grafitti v. Seele (nach Antoni Tàpies), sollte ich etwa im Juli : jetzigen Juli die Himmelfahrt ausprobieren anzutreten. Du sagst während wir durch den Stadtpark, schau die Enten das Gefieder der Enten wie es schimmert nämlich die Wölfe damals im »Kl. Café« da wir uns am Radiator die Füsze (wärmten), füszelten wir, wie schön diese Winterliebe ......

Knospe des Winters : *mein Greisentum!* bin auf Küchensessel eingeschlafen bin von Küchensessel abgestürzt, Georg Kierdorf-Traut z. Z. südlich, auf dem Küchenboden ein Mann mit Turban, ich nehme überhand! diese Intimität dasz du mit einem künstlichen Greifarm Dinge vom Boden (Parkettchen) aufhebst,

der clou : ich habe mich umgebracht!

17. 7. 19, dies Lämpchen
ist ausgegangen *ade*,

du fehlst mir ich habe dich verloren im Wald vielleicht im Lärchenwald in der Taubnessel vielleicht auf einer Wiese inmitten von.

dies sind die Füsze eines Löwen oder die Füsze als Nonne usw.,

nun ja du hast mich *verwüstet*, seit dem 19. Jahr deines Hinscheidens liegt eins deiner Gedichte in georgischer Übersetzung vor mir nämlich mit gestärktem Hemdkragen, etc.,

habe die ganze Nacht deine Löwenfüsze vor mir gesehen, Täuflinge des Regens sind wir gewesen (immergrün), aszen etwa den frischgefallenen Schnee mit Schneebesen ...... du bist mein täglich' Brot : es steht uns bevor eine Zeile von T. S. Eliot »vom Feuer vertilgt, vom Feuer erneuert«, durch den Wald v. Bad Ischl schimmerte Kleid so weiszes Kleid,

18.7.19

gucken und lauschen ich meine kucken und lauschen etwa Klamotten Tupfen und Tropfen v. Auge nämlich rollten v. Wiese rollten die Wiese hinab, standen die Eltern, am Wiesengrund, klatschen die Hände während im Bach die *herzigen* Fische ich meine Fische im Spiegel hallo!, zeigtest auf Forelle riefest *die da!*, wolltest sie essen : schöne Forelle!, sagtest die da!, kuckte Forelle zu dir ahnte den Tod usw., erinnerst du dich : Vogel auf Dach mit aufgesperrtem Schnabel und weiszer Brust

> dieser Vogel am Dach Vogel mit weiszer Brust (Träne im Aug), aufgesperrt Schnabel schrie er ich habe Durst!

> hilfe es dürstet mich : mein Durst so grosz wie ein König kein Regen auf der Erde, so grosze Sehnsucht auf der Erde,

sagte er endlich dasz ich Schamane sei!

19.7.19, display der
Sonne macht uns blind,
usw.,

1 × des nachts, in jeder Ecke ein zärtliches Tier oder Strophe, Philosophie mit Ziege, etc., display der Sonne macht uns blind, sie trug ein weiszes Jäckchen aber es war ein Gewitter, im Frühling musz man immer oder musz man *meist* weinen : Mama stand *meist* am offenen Fenster und weinte, sie blickte *AUS DEM OFF* : aus dem offenen Fenster und weinte (sehr still!) usw., sie reiste, weinend, zur grch. Insel Hydra, ganz was Schickes, sagte sie,

> wir standen im Lift nach unten!, und ich sagte *mauve* zu dir, du wiederholtest die Farbe = mauve, wir saszen am offenen Fenster, betrachteten die Abendwolken und sagten gleichzeitig MAUVE, Mama hatte Hitzeallergie, wir gehen in die *Alpen*, v. Triest, einmal spazierten wir durch einen Wald, jemand hüpfte über die kl. Wurzeln aber ich kannte ihn nicht vielleicht Verwandter v. Matisse dessen Tapeten,

sende auch du mir, leuchtende Sätze nach welchen ich malen kann, oder zierliche Bergblumen, indes mein Auge ist zugenäht, noch einmal wandten wir den Blick zurück : da waren die Berge schon verhüllt nämlich der schöne Abend nicht wahr, ich plakatierte das Wort TABU in meiner Werkstatt, was mich an den 1. Film den ich als Kind sehen durfte und welcher TABU hiesz erinnerte …… die letzte Filmsequenz zeigte einen ertrinkenden Schwimmer, *dessen Arme nach Hilfe ringend*,

> auf seiner hohen Stirn standen die Worte : habe wölfisch Herzensglut, habe mir die Zunge, rausgerissen : liegt auf *Parkettchen*,

31.7.19, Ornithologie,
oder wie durstig wir sind!

vom AKH wehte, die
schwarze Fahne,

die Antipoden v. Hase, weiszt du, des Berges Rosen ich erinnere mich wie's mich fröstelte (die Augen am Morgen *verpickt*, christlich verklebt, komm gehen wir eislaufen mit *betagten* Wachteln und Meisen biszchen dünn schon die Büsche). Im späten August, entflammt war das Land diesen Sommer, zum Steinbruch wanderten wir damals Mutter und ich, mit Gieszkanne abends in D., weh mir mit Vater vor Schaufenster lange stehengeblieben dasz er *verweilen könne*, nämlich wie Blumenbeete usw., ich meine ich denke die WONNEN eines späten August da die Schatten der Schatten der Schwalben (aufbrechend nach dem Süden),

das ungeheuerliche Rasen der Zeit, ich meine war nicht gerade erst Winter : nun aber *diese Bravouren* einer neuen Saison, wie sie einatmen / ausatmen usw., Verzierung der Schwalben

seien sie Schwulenpärchen?

damals in D. die Karrenwege schwarz v. *zerquetschten*, ich meine Holunder, zierlichen Wolken am Morgen = clouds = Claudia Larcher's ROOMS,

zweisprachig nämlich die Bäume,

4.8.19, dasz er
verschnaufen könne,
regelrecht ...... ach fühlte
mich wie eine

Mohnblume, er legte mir
eine Mohnblume in seine
Briefe, später lernte ich.
Ich lernte dasz die Krähe
mit welcher der Dichter
sprach eine ausgestopfte
Krähe war. Es sei
vielleicht Winter gewesen
oder Elysium, eine
Verzierung v. Mond,

wie die Bäche sind mir die Tränenbäche gesprungen, ich war am eidachsen : nämlich ersticken als ich mir das Frühstück *einverleibte* ich meine, sasz am Frühstückstisch indes ein paar SOFORTIGE Flocken = Floren ans Fenster, klopften nämlich wie kl. Vögel usw., ich meine dasz deine kl. rosa Zunge ach wie sie abstürzte,

vieles ist mir verlorengegangen, die Bücher sogar die ich selbst geschrieben, ich meine Brita S. zauberte ein paar feuchte Würzelchen oder lange Strophen in Stenographie ...... was mir zu Herzen also wie abgenagte Knöchelchen etc.,

heute sind die letzten Schwalben über die Weichsel geflogen, du hofftest so einen Schlaf oder Schleier nämlich einen Schwanenhimmel, *das Öhrchen* (30. 3.), das Festhalten eines Wortes im Augenblick des Erwachens, Schmattes z. B., Firmament, im Halbschlaf, sagst du, die blauen und schwarzen
BATZEN,
ich meine : auf Bettdecke, usw., es war eine Verlegenheit v. Mama (als ich klein war) dasz sie mir *tupfte* auf meine Nasenspitze,

17. 8. 19, *ich nehme überhand!*,

er sagt zu mir du bist ein steiler Hund, kl. Medizin auf dem Küchenboden, ich bin vom nächtlichen Sturm unsterblich gewesen etc., Waldküssen gleich als Kind mit Matador gespielt ...... ich trug SALAMANDERSCHUHE die Welt ging unter im Fenster vis-à-vis ein Tischchen mit 3 übereinander liegenden Büchern, *vis-à-vis etwas rotes!*, als ob eine Nachtmütze, im Eierbecher das Händchen das Seepferdchen dieses Zeichen für unendlich,

es war ca. Winter, *mein Auge bisz zu!*, poetischer Pragmatismus : ich hockte auf einer Holzbank hinter mir das Vogelgebüsch waren Fittiche, ich meine die Fittiche an meinem Rücken eine Meise verirrte sich in mein Zimmer : Kabinett : er begann zu lachen als ich Kabinett sagte, ein jähes grün plötzlich ein jähes grün, Allee v. Hainbuchen, ich war ein Kleinkind : nämlich Stresz oder Strausz roter Nelken, rosa NORDKETTE im Fenster, ich schielte ein wenig aus meinem Kopf, sprossen die Wälder, hatte der hl. Afra flammende Arme oder flammende Flügel?, habe von dir geträumt und frz. Flagge, mein Traum : das Kämmerchen mit ausgefallenen Haaren übersät, nicht wahr, mein Traum : Modernistin Modistin Mama auf Bodenbürste rutschend : auf einem Fusz oder Bein (als würde sie eislaufen!),

der Rudolfonkel mit schwarzen Kirschenaugen,

18.8.19, von der Gala,
einer Empfindung, nach
Winckelmann, meine
Schwester in mir,

es war so blaugrau diese Welt es war ein Jesusknabe ...... es schneit es schneit ist zwanzigster August, ein Prosarhythmus wie perfekt! du bist mein Intimus, im Föhrenwald, im Fenster vis-à-vis : *die kl. Orgel*, es waren diese Berge auch Almenrausch, Darstellung eines Zeisigs

Ich bin noch jung in meinen Träumen, in meinen Träumen bin ich high, wurde ISEL benannt nach dem Berg Isel wo ich das Licht der Welt. In meinen Träumen bin ich jung in meinen Träumen bin ich high ich bin so Kruzifix et cetera, es blühete dergleichen : er blühete mir die Bude voll,

ich bin das Entschlüpfende! die hl. Afra, *das Nähen*, nach JD, damals mit Mama den SCHIENENWEG gewandert, ich habe so eine Ader, habe Adler, lichtblauen Adler in Triest, meine Liebe zu enveloppe (franz.), ich meine *versiegelte* Briefumschläge, wer hatte mir immer Briefe hinter versiegeltem Mündchen gesandt?

über Nacht hatten sie dir kl. Löcher ins Gesicht eingeschrieben, ich erinnere mich : dasz Valérie B. mit den Vögelchen im Baum vor dem Fenster, in frz. Sprache flüsterte, usw.,

20. 8. 19, schlug ich ein Kreuz?

(war es ca. ein Winter auf
dem chamoir des
geträumten
Schreibpapiers?)

P.S.: Sommer '17 : viel gelesen kontinuierlich geschrieben, vor 2 Wochen : du beginnst mit dem *Schmetterlingsschwimmen*, bei ÜBERIRDISCHER Kälte, Aurora, besasz eine Gerätschaft : er besasz eine Gerätschaft tausend Notizzettelchen vom Boden, *aufzuklauben*, joli joli hast gewildert in meinen Schriften, ich meine dasz seine Männlichkeit vom Himmel, falle, erquickte mich mit Blumen, umrankte mich mit Äpfeln, Valérie Baumann spricht französisch mit den Vögelchen im Baum vor dem Fenster,

sei sie überfüllt, sei sie übervoll, mit Blüten mit Knospen,

habe v. dir geträumt und französischer Flagge, meine Schwester in mir, in den Adern der Alpen, Mama versetzt ihren Pelz im Dorotheum, aber sie werde ihn nicht mehr auslösen, kniekurzen Pelz, 30er-Jahre, weh mir der Schatten eines Vogels stürzt in die Tiefe, 2-sprachig die jg. Bäume, habe Blut v. Mandelstam,

»vom Feuer vertilgt vom Feuer erneuert durch den Wald schimmert ein Kleid etwa, weiszes Kleid usw.«, kein Regen auf der Erde, er sagte endlich, dasz ich Schamane sei, einmal hatte ich sein Erbrochenes aufgewischt weil verschossen in ihn, usw., bestehe nur noch aus Prothesen, weil Körper so dissonant, ach Schwertlein!,

du sagst setz dich an die Maschine und fang an zu schreiben ich sehe die Zeilen vor mir ehe ich sie aufschreibe, joli joli habe wieder in GLAS gelesen die halbe Nacht,

25.8.19

habe Perlmuttknopf an der Brustwäsche, sehr innig hat 2 Augen aber, ist mundlos (mondlose Nacht!), am Nachhauseweg sah ich dasz die Sensen (= Sonnen) in den Wipfeln der Bäume hingen abendlich dasz ich die Tränen, dasz die Tränen mir quillten dasz sie ach! quälten ich meine erblickte den Schatten des Freunds, usw., ja kuschelte winziger Busch auf seinem Kopfpolster ...... am nächsten Morgen der seidene Bach vor dem Fenster : Rohrmoos : Immergrün, etc.,

> man ist ja so glücklich in der TAPETE, ich sah sie von hinten weil sie hatte lockiges Haupt = cousinenhaft!, saszen wir in der TAPETE = märchenhaft, bei Rhabarbersaft, würde später, über Bergwiese RENNEN, indes an den Gipfeln die Braut oder Brut also brütend Gestirne ich meine Dublin's Poetik ......

in der linken Wehmut der Schatten des Gartens : ein Feigengebüsch, oben, die Partitur des Sommers, weiszt du, auf dem Balkon die Wäsche aufgehängt, die Erinnerung an Dachstein = Dämmerung, stundenlang wachgelegen nachts, das Gerölle ...... auf der Bettdecke Impuls v. Tinte (Max Ernst), im Sitzen plötzlich Drehschwindel halbe Minute,

> er habe heute Geburtstag er sei ein Schäfchen und habe Geburtstag, deine Hand liebkost meinen Fusz, nämlich wünsche mir dasz du meinen Fusz in deine Hand nimmst, weil die Zehen meines Fuszes schmerzen, ich meine du nimmst meinen Fusz in deine Hand und läszt ihn da ruhen,

28.8.19, kalenderwärts,
das Öhrchen nämlich,
Gebüsch v. Krepp-Papier,
JD.,

saszest, aus deiner Rocktasche das Sacktuch wie es flüsterte : *glitt!* ins mächtige Gras, wie kalt der Morgen, eine Biskotte auf dem Küchenboden,

die Anverwandten unserer Lieblinge sind *eigentlich* auch unsere Anverwandten : das ist *das eigentliche!* tragen sie die selben Schnurrhaare die selben Öhrchen,

sasz auf dem Balkon und sah wie der flammende. Mond. hinabglitt : den Berg hinabglitt, das schrieb ich dir auf eine Ansichtskarte, mit lauter Stimme, etc., in den letzten Momenten des Morgenschlafs, eine Sprechprobe »Kopf und head«, »Kopf und head« und dergleichen, ich ging aber durch die Wälder, ich schwärmte v. winziger Schultafel mit Schwämmchen, es war eine Todesangst!, Mama entnahm dem Geschirrschrank ein Weinglas das gesprungen war, usw., wir schreiben den 4. September '19, Gedeck für einen Linkshändigen, v. Antoni Tàpies, es geschah dasz Freund Marcel mir das Bouquet abnahm welches ich anläszlich ......

dasz er es mir abnahm dieses Gewitter Bouquet : werde ich nicht vergessen, Broche der Dämmerung, der Vormittag war rasch vergangen, Fotografie die mich abbildete mit Pullmankappe : aus dem schütteren Haar das blasse Ohr,

die Schwalben dahin!, jedoch, mit den Raben im Garten, niemand wird je wissen, alles v. mir wissen, wie Mutter in ihren letzten Tagen sagte, diese Geschehnisse kann ich nicht einmal dir anvertrauen : ich werde sie mit ins Grab usw.

4.9.19, Löffelchen auf dem Küchenboden, lila Tag.

als der Sommer : wie war der Sommer, vorübergehuscht, ich meine als der Sommer sich neigte in die Flanke des Herbst, und auf den Holzbänken saszen wir und ins Tal blickten, nicht wahr, ins sepiafarbene, erinnerst du dich, und plötzlich ein Bündel Blumen : lila Blumen, Büschel Tränen und Rehe, Bündel Rehe wie war der Sommer vorübergehuscht!, usw., verblüfftes Futurum, du auf dem Foto mit Blumenstrausz, ohne zu sprechen, Struktur des Vaters, fuhren wir durch die Alleen, *Vielfalt v. Kindheit*, pater noster!, ach wie es niederkniete, unendlich niederkniete! : das Notizbüchlein! niederkniete!

Zierde des Winters nämlich,

bei Nacht : Herbstregen durch das offene Fenster, dort, hauchst deine Seele aus, aus dem Schädel wuchsen dir wilde Büsche, ALS OB AUS DER LUFT GEGRIFFEN : spüre Rotkehlchen's Hände : sich festkrallen, usw.,

Ästhetik meines miszlungenen Lebens, weh mir ......

8.9.19, wandten den Blick
zurück da waren die
Berge schon verhüllt,

am seichten Flusz v. D. der Vater stand er stand an seiner Seite in einer Schüssel lag sein Händchen, ich meine »nature writing« = vermutlich ein Modewort, ich schreibe PROEME, schreibe digital, es donnerte die Angst, in Ketten lag ich *in Blumenketten* wie die Tränen flieszen, am blanken Flusz, die wilden Kräuter, zum Niederhocken, als Kind, indes die Maulbeerbaumfrüchte v. D. vergossen ihr tiefschwarzes Blut usw., Häcksel v. Unkraut,

waren es Strophen war es der Anfang einer Strophe waren es die Refrainlieder des Franz Schubert,

sie sei ein wenig schrullig gewesen ich meine DIE SCHRULLE, sagt man es so?, ich weisz oft nicht welches Wort nämlich ob aus der Luft gegriffen : diese Frau ich meine diese fremde Frau im Friseursalon mit den Tränen für mich etc., bin um ½ 4 Uhr aufgewacht mit Bruststechen *mulmig* mit dir zum Flughafen, viele Jahre *verflossen*, mein Lieb, frage mich ob er noch im Café die Violine spiele, eine traumhafte Seele, als ich mich heute früh auf das rechte Ohr : ÖHRCHEN! legte fiel mir das Wort *Geistlein* ein, wie konnte das geschehen, habe abgeschrieben v. alten Motti!, viele Tintenkleckse auf Bettdecke, Pulkau überschwemmt mit Bäumen : ein reiszender Flusz ...... dann wieder *Wurstigkeit*, mein Gehirnlesen, wie Leibniz sagt, nämlich rauschten die aufgeschlagenen Bücher, bist Agave : blutig hingerissen, verpacke rechtes Ohr im Kopfpolster, grausamerweise verletzten die Wellen des Sees : wenn die Sonne in ihnen *wühlte* mein empfindliches Auge, ich meine eigentlich habe ich nach Herzenslust. Dasz ich die Hand wie schützende liebe Mütze, vors Auge hielt, eine Art Dachgarten wie Hans Hollein's Komposition der Albertina (dieses Dach) insbesonders wenn Heinz Schafroth an diversen Meeresfelsen weilte, während die violetten Blumenteppiche seine Theateraugen NETZTEN, nicht wahr, ach wie Samuel Beckett meine Gedichte, interpretierte, in welchen

ein Rebus,

verborgen war,

wie mein Maszliebchen-Bewusztsein die welken Blätter und Blüten produzierte, während die Wildgänse über dem Bielersee schrien, habe Raptus, gehabt,

13.9.19, Fliege mit
Schleppe, der zirpende
Mond, empfinde den Duft
des Dürerschen
Veilchenbouquets, die
bunten Teller, oder
mausgrau, nämlich das
Wasserlassen (in der
Fremde), indes das
Gebüsch *blinket* nach
Klopstock,

an Titzi an Kommunion usw., schaust aus wie Shirley Temple auf dem Parkettchen wie in Farben wie Shirley Temple in Farben wie viel von Avantgarde geträumt so viel *gepinselt* im Untergrund, so viel geträumt hab alles geträumt die Freundinnen Tauben habe die Augen zugeklebt in der Nacht aber die Wiese grün und blau und Hose gehabt von lauter Fischlein die Hose gehabt, in Sils-Maria die Hose gehabt usw., und gepinselt in Sils-Maria gepinselt, war schönes Morgengold usw., habe viel gepinselt, nach Herzenslust, habe Federn v. Vogel geträumt weisze Federn v. Vogeljungem war schon tot und in Kämmerchen eingeschlossen, war auf den Bergen schon Schnee,

> mit der Hand zum Mund hatte er, angezeigt mir dasz er Hunger habe, gab ihm zu essen (auf der Bettdecke nämlich Fackelzug, mit blutroter Tinte!),

war ich zornig war ich zornig gewesen habe mich in die Zunge gebissen, habe aufgestampft habe aufgestampft mit dem Fusz, nämlich am Morgen, ein Strausz Anemonen ein Strausz Dahlien blasz wie der Abendstern von blasser Farbe, vis-à-vis im Fenster ein offenes Buch (oder Lollipop) ich meine ein blasser Berg ……

18.9.19, ich war krank
und du hast mich besucht,

wölfisch nämlich, ein Nachtbericht ich meine Pelzmütze im Sommer, zu tragen, diese Ohren des Dürerschen Feldhasen ich meine *brillanten* Ohren etwa (diese) zu streichelnden! also zu streichelnden!, dieu! dieu! unter dem Dach = Mütze der Albertina (einmal), sagte er was soll ich dann lesen wenn du aufgehört hast zu schreiben, bist meine Krücke : himmlische! Krücke v. Wolke : wulstige! am Morgen, im Fenster, einmal saszen wir, im Winter, auf einer Bank im Stadtpark und schlüpfte aus meinen Mokassins immerzu, indessen du mir Küsse (Flocken, Frisuren), schwandest dahin usw., Ziel eines jeden auch des zartesten Annäherungsversuches sei die vollkommene Vereinigung nämlich

(wie Jargon),

2.10.19, kam mir
entgegen Mann mit
wehenden weiszen
Haaren, auf Fahrrad, rief
DIE POESIE! was mich
beglückte, dasz *während*
des Waldes ich sehr
gesellig sei wie Berg und
Schnee, wie tschechische
Blume,

Blutkruste am Mäulchen ich umarme die WAAGE

Blutkruste am Mäulchen ich umarme die WAAGE, ich bin so queer und das GRAMMO sagt »mute«, um Mitternacht schlage ich die Augen auf und frage mich warum sollte das Wort WAAGE kein poetisches Wort sein warum sollte das Wort TUMOR kein poetisches Wort sein ich meine warum sollten nur die Worte MOND und STERN und SCHWAN diese Vorzüge haben poetische Worte zu sein. Schneehalde und Robert Walser dort wo er einst hinging und starb, nun ja, das Sternbild WAAGE und das Sternbild HASE, nämlich HASE wie er über die Felder fliegt: mit Kropf, des Meisters Sakai Hōitsu »Herbstgräser und Hase mit Kropf über die Berge fliegend« (alle meine Vorfahren besaszen einen Kropf auch meine süszeste Groszmama usw.), die jungen Leute lassen sich eine Rose und einen Anker oder andere Symbole der Herrlichkeit tätowieren sie lassen sich eine Waage und einen Hasen auf den Unterarm oder die Brust tätowieren, du bist im Sternbild Waage geboren ich bin im Sternbild Hase geboren, der Hase mit Kropf über die Berge fliegend ...... Fluch und Ärgernis, sagst du, du sagst ich liege krank und die Fontänen des Herzhustens, dasz das Bettchen nasz und nasser, weiszt du, abgeknickt oder kniend im Bett schreibe ich alles nieder, weh mir die Herbstgirlande in meinem Kopf, bist erlaucht und durchlaucht, weine mich durch die Nächte (meine Sprache vergraben in einem Grasbusche bin am Ziel meiner Träume angekommen),

indes der Orion.

das Gärtchen das Silbergärtchen man reiszt mir die Zehen des Fuszes herunter Mozart's »der Handkusz« sehr delikat, notiere auf akademischem Parkett (schon Nüszlein! auf rotrostigem Blätterdach, schau Liebster der arrivierende Herbst!) ich flüstere »Krönchen und Hysterie usw.«, *auf Zehenspitzen musz das Gedicht*, weiszt du, *trippeln*, ich meine zirpend, mit silbernen Zweigen : ach die Nüszlein im Schillerpark indes wir von Bank zu Bank, Jacques Prévert's »Étranges Étrangers« ach die Moderne in der Musik, rosé rosé : die Bäckchen des Morgens, Haarschnitt der 30er-Jahre BUSIG entzückend Groszmutter's wundertätige blaue Augen, der Chauffeur *kurvte* nachts in der Innenstadt dasz ich imaginierte : eine glorreiche fremde Stadt, schreiben wir poets' poetry?

diese daffodils,

(meine Tränen im Morgentau es
jubilierte die Hochwiese),

nach Recherchen v. FM : das zu lesende das zu lauschende : zuweilen lese ich in deinen Augen, sie ist mein Jahrgang, sieht aus wie Puppe in Park. Sagte die Ärztin zu mir »schreiben werden Sie länger können als lesen«, es gab kaum jemanden der mir vorgelesen hat in der Kindheit : sie hatten alle keine Zeit, usw., im Bücherkasten der Eltern standen 3 Bände Goethe (hinter Glas) und die gute Erde v. Pearl S. Buck = Lieblingslektüre der Mutter ...... immer im Fenster gegenüber ich glaube v. blauer Farbe wie ein v. mir geschriebener Gedichtband ich meine er könnte v. mir sein aber niemand der darin liest,

wäre ich Vögelchen würde ich mir wünschen lesen zu können, tröste mich aber damit fliegen zu können, vielleicht sei das Fliegen ja schöner als das Lesen? am ersten Schultag wurde ich gefragt ob ich schon lesen könne? was ich bejahte.

ein Buch ist eine blaue Nelke ich kann die Farbe der Nelke lesen, du hast mir eine verwelkte Nelke in eines der Bücher gelegt die ich geschrieben habe : obwohl verwelkt duftete sie noch ein wenig, man betört uns und man verführt uns, wenn wir lesen, *wenn ein verblasztes Wort in einem Buch*,

wir wollen keine FABEL lesen eher Narziszmus, der Rosenverkäufer nämlich, ich habe viel in den Werken des Jacques Derrida gelesen, hätte ich nicht lesen gelernt wie unglücklich wäre ich jetzt,

Elisabeth v. Samsonow schreibt einen Essay über Stofftiere in welchen Text ich mich selig einlasse, *kannst du mir die Welt erklären?* ein Salatblättchen : HERZIG : auf dem Küchenboden, wollte mit dir, feine Amsel, zu Tisch sitzen weil sonst niemand da, willst mir vorlesen = vorsingen dasz ich dahinschmelze, ich im Staubmantel = stabat mater, in solcher Andacht,

18.10.19

weh mir : mein Augé,

3.11.19

Bibliothek Suhrkamp
Verzeichnis der letzten Nummern

1317 Marina Zwetajewa, Ein Abend nicht von dieser Welt
1318 Hans Henny Jahnn, Die Nacht aus Blei
1319 Julio Cortázar, Andrés Favas Tagebuch
1320 Thomas Bernhard, Das Kalkwerk
1321 Marcel Proust, Combray
1322 Ludwig Wittgenstein, Logisch-philosophische Abhandlung
1323 Hermann Lenz, Spiegelhütte
1325 Sigrid Undset, Das glückliche Alter
1326 Botho Strauß, Gedankenfluchten
1328 Paul Nizon, Untertauchen
1330 Sherwood Anderson, Winesburg, Ohio
1331 Derrida / Montaigne, Über die Freundschaft
1332 Günter Grass, Katz und Maus
1333 Gert Ledig, Die Stalinorgel
1335 Heiner Müller, Ende der Handschrift
1337 Konstantinos Kavafis, Gefärbtes Glas
1338 Wolfgang Koeppen, Die Jawang-Gesellschaft
1339 Jorge Semprun, Die Ohnmacht
1341 Hermann Hesse, Der Zauberer
1342 Hermann Broch, Hofmannsthal und seine Zeit
1343 Bertolt Brecht, Kalendergeschichten
1344 Odysseas Elytis, Oxópetra / Westlich der Trauer
1345 Hermann Hesse, Peter Camenzind
1346 Franz Kafka, Strafen
1347 Amos Oz, Sumchi
1348 Stefan Zweig, Schachnovelle
1349 Ivo Andrić, Der verdammte Hof
1350 Rudolf Borchardts Leben von ihm selbst erzählt
1351 André Breton, Nadja
1352 Ted Hughes, Etwas muß bleiben
1353 Arno Schmidt, Das steinerne Herz
1354 José María Arguedas, Diamanten und Feuersteine
1355 Thomas Brasch, Vor den Vätern sterben die Söhne
1356 Federico García Lorca, Zigeunerromanzen
1357 Imre Kertész, Der Spurensucher
1358 István Örkény, Minutennovellen
1360 Giorgio Agamben, Idee der Prosa
1361 Alfredo Bryce Echenique, Ein Frosch in der Wüste
1363 Ted Hughes, Birthday Letters
1364 Ralf Rothmann, Stier
1365 Arno Schmidt, Seelandschaft mit Pocahontas
1366 Bertolt Brecht, Geschichten vom Herrn Keuner
1367 M. Blecher, Aus der unmittelbaren Unwirklichkeit
1368 Joseph Conrad, Ein Lächeln des Glücks
1369 Christoph Hein, Der Ort. Das Jahrhundert
1370 Gertrud Kolmar, Die jüdische Mutter

1371 Hermann Lenz, Vielleicht lebst du weiter im Stein
1372 Ludwig Wittgenstein, Philosophische Untersuchungen
1373 Thomas Brasch, Der schöne 27. September
1374 Péter Esterházy, Die Hilfsverben des Herzens
1375 Stanislaus Joyce, Meines Bruders Hüter
1376 Yasunari Kawabata, Schneeland
1377 Heiner Müller, Germania
1378 Du kamst, Vogel, Herz, im Flug; Spanische Lyrik
1379 Giorgio Agamben, Kindheit und Geschichte
1380 Louis Begley, Lügen in Zeiten des Krieges
1381 Alejo Carpentier, Das Reich von dieser Welt
1382 Nagib Machfus, Das Hausboot am Nil
1383 Guillermo Rosales, Boarding Home
1384 Siegfried Unseld, Briefe an die Autoren
1385 Theodor W. Adorno, Traumprotokolle
1386 Rudolf Borchardt, Jamben
1387 Günter Grass, »Wir leben im Ei«
1388 Palinurus, Das ruhelose Grab
1389 Hans-Ulrich Treichel, Der Felsen, an dem ich hänge
1390 Edward Upward, Reise an die Grenze
1391 Adonis und Dimitri T. Analis, Unter dem Licht der Zeit
1392 Samuel Beckett, Trötentöne/Mirlitonnades
1393 Federico García Lorca, Dichter in New York
1394 Durs Grünbein, Der Misanthrop auf Capri
1395 Ko Un, Die Sterne über dem Land der Väter
1396 Wisława Szymborska, Der Augenblick/Chwila
1397 Brigitte Kronauer, Frau Melanie, Frau Martha und Frau Gertrud
1398 Idea Vilariño, An Liebe
1399 M. Blecher, Vernarbte Herzen
1401 Gert Jonke, Schule der Geläufigkeit
1402 Heiner Müller / Sophokles, Philoktet
1403 Giorgos Seferis, Ionische Reise
1404 Christa Wolf, Nachdenken über Christa T.
1405 Günther Anders, Tagesnotizen
1406 Roberto Arlt, Das böse Spielzeug
1407 Hermann Hesse / Stefan Zweig, Briefwechsel
1408 Franz Kafka, Die Zürauer Aphorismen
1409 Saadat Hassan Manto, Schwarze Notizen
1410 Arno Schmidt, Die Gelehrtenrepublik
1411 Bruno Bayen, Die Verärgerten
1412 Marcel Beyer, Flughunde
1413 Thomas Brasch, Was ich mir wünsche
1414 Reto Hänny, Flug
1415 Zygmunt Haupt, Vorhut
1416 Gerhard Meier, Toteninsel
1417 Gerhard Meier, Borodino
1418 Gerhard Meier, Die Ballade vom Schneien
1419 Raymond Queneau, Stilübungen
1420 Jürgen Becker, Dorfrand mit Tankstelle
1421 Peter Handke, Noch einmal für Thukydides

1422 Georges Hyvernaud, Der Viehwaggon
1423 Dezső Kosztolányi, Lerche
1424 Josep Pla, Das graue Heft
1425 Ernst Wiechert, Der Totenwald
1427 Leonora Carrington, Das Haus der Angst
1428 Rainald Goetz, Irre
1429 A. F. Th. van der Heijden, Treibsand urbar machen
1430 Helmut Heißenbüttel, Über Benjamin
1431 Henri Thomas, Das Vorgebirge
1432 Arno Schmidt, Traumflausn
1433 Walter Benjamin, Träume
1434 M. Blecher, Beleuchtete Höhle
1435 Edmundo Desnoes, Erinnerungen an die Unterentwicklung
1436 Nazim Hikmet, Die Romantiker
1437 Pierre Michon, Rimbaud der Sohn
1438 Franz Tumler, Der Mantel
1439 Munyol Yi, Der Dichter
1440 Ralf Rothmann, Milch und Kohle
1441 Djuna Barnes, Nachtgewächs
1442 Isaiah Berlin, Der Igel und der Fuchs
1443 Frisch, Skizze eines Unglücks / Johnson, Skizze eines Verunglückten
1444 Alfred Kubin, Die andere Seite
1445 Heiner Müller, Traumtexte
1446 Jannis Ritsos, Monovassiá
1447 Volker Braun, Der Stoff zum Leben 1-4
1448 Roland Barthes, Die helle Kammer
1449 Siegfried Kracauer, Straßen in Berlin und anderswo
1450 Hermann Lenz, Neue Zeit
1451 Siegfried Unseld, Reiseberichte
1452 Samuel Beckett, Disjecta
1453 Thomas Bernhard, An der Baumgrenze
1454 Hans Blumenberg, Löwen
1455 Gershom Scholem, Die Geheimnisse der Schöpfung
1456 Georges Hyvernaud, Haut und Knochen
1457 Gabriel Josipovici, Moo Pak
1458 Ernst Meister, Gedichte
1459 Meret Oppenheim, Träume Aufzeichnungen
1460 Alexander Kluge, Gerhard Richter, Dezember
1461 Paul Celan, Gedichte
1462 Felix Hartlaub, Kriegsaufzeichnungen aus Paris
1463 Pierre Michon, Die Grande Beune
1464 Marie NDiaye, Mein Herz in der Enge
1465 Nadeschda Mandelstam, Anna Achmatowa
1467 Robert Walser, Mikrogramme
1468 James Joyce, Geschichten von Shem und Shaun
1469 Hans Blumenberg, Quellen, Ströme, Eisberge
1470 Florjan Lipuš, Boštjans Flug
1471 Shahrnush Parsipur, Frauen ohne Männer
1472 John Cage, Empty Mind
1473 Felix Hartlaub, Italienische Reise

1474 Pierre Michon, Die Elf
1475 Pierre Michon, Leben der kleinen Toten
1476 Kito Lorenc, Gedichte
1477 Alexander Kluge/Gerhard Richter, Nachricht von ruhigen Momenten
1478 E.M. Cioran, Leidenschaftlicher Leitfaden II
1479 Christa Wolf, Kein Ort. Nirgends
1480 Renata Adler, Rennboot
1481 Julio Cortázar/Carol Dunlop, Die Autonauten auf der Kosmobahn
1482 Lidia Ginsburg, Aufzeichnungen eines Blockademenschen
1483 Ludwig Hohl, Die Notizen
1484 Ludwig Hohl, Bergfahrt
1485 Ludwig Hohl, Nuancen und Details
1486 Ludwig Hohl, Vom Erreichbaren und vom Unerreichbaren
1487 Ludwig Hohl, Nächtlicher Weg
1488 Fritz Sternberg, Der Dichter und die Ratio
1489 Felix Hartlaub, Aus Hitlers Berlin
1490 Renata Adler, Pechrabenschwarz
1491 Pierre Michon, Körper des Königs
1492 Joseph Beuys, Mysterien für alle
1493 T.S. Eliot, Vier Quartette / Four Quartets
1494 Walker Percy, Der Kinogeher
1495 Raymond Queneau, Stilübungen
1496 Charlotte Beradt, Das Dritte Reich des Traums
1497 Nescio, Werke
1498 Andrej Bitow, Georgisches Album
1499 Gerald Murnane, Die Ebenen
1500 Thomas Kling, Sondagen
1501 Georg Baselitz/Alexander Kluge, Weltverändernder Zorn
1502 Annie Ernaux, Die Jahre
1503 Roberto Calasso, Die Literatur und die Götter
1504 Friederike Mayröcker, Pathos und Schwalbe
1505 Cees Nooteboom, Mönchsauge
1507 Gerald Murnane, Grenzbezirke
1508 Miron Białoszewski, Erinnerungen aus dem Warschauer Aufstand
1509 Annie Ernaux, Der Platz
1510 Sophie Calle, Das Adressbuch
1511 Szilárd Borbély, Berlin-Hamlet, Gedichte
1512 Annie Ernaux, Eine Frau
1513 Fabjan Hafner, Erste und letzte Gedichte
1514 Gerald Murnane, Landschaft mit Landschaft
1515 Friederike Mayröcker, da ich morgens und moosgrün. Ans Fenster trete
1516 Marie-Claire Blais, Drei Nächte, drei Tage
1517 Annie Ernaux, Die Scham
1518 Rosmarie Waldrop, Pippins Tochters Taschentuch
1519 Sophie Calle, Wahre Geschichten
1520 Elke Erb, Das ist hier der Fall
1521 Carl Seelig, Wanderungen mit Robert Walser
1522 Cees Nooteboom, Abschied
1523 Wolf Biermann, Mensch Gott!
1524 Peter Handke, Mein Tag im anderen Land